요한계시록
숨겨진 STORY 12

# 요한계시록
# 숨겨진 STORY 12

봉명환

크리스챤서적

# 서문

다윗은 사울을 피하여 굴속에 있었다. 그러나 그는 마치 사자들에 의해 둘러싸여 있는 것처럼 되었고 원수들은 꼼짝 못 하고 누워 있는 자신을 불살라 버리려는 듯 다가오고 있다. 절체절명의 순간, 다윗은 하나님께 부르짖는다.

> "하나님이여 내게 은혜를 베푸소서 내게 은혜를 베푸소서 내 영혼이 주께로 피하되 주의 날개 그늘 아래에서 이 재앙들이 지나기까지 피하리이다"(시 57:1)

그런데 의문을 가지게 하는 것이 있다. 자신의 목숨이 경각에 달려 다급하게 도움을 구하던 다윗의 입에서 갑자기 찬양이 터져 나온 점이다.

> "하나님이여 주는 하늘 위에 높이 들리시며 주의 영광이 온 세계 위에 높아지기를 원하나이다"(시 57:5)

도대체 무슨 영문인가? 자신이 당하고 있는 기가 막힌 상황보다 하나님이 높아지기를 원하는 마음이 생긴 것이다. 마치 "하나님, 높임을 받으소서. 하나님이 높임을 받는다면 더 바랄 게 없습니다. 그것이 전부입니다"라고 고백하는 것과 같다. 순식간에 일어난 심경의 변화는 어디서부터 비롯된 것일까? 자세히 보니 하늘로부터 뭔가가 내려온 것이 있었다. 위기를 반전시키려고 천사가 내려온 것은 아니었다. 다윗의 마음을 홀연히 변화시킨, 하늘로부터 내려온 것은 바로 인자와 진리였다. 이로 인해 원수도, 자신의 처지도 사라져 온데간데없고 그의 눈에는 하나님의 얼굴 외에는 아무것도 남아 있는 것이 없게 되었다.

> "그가 하늘에서 보내사 나를 삼키려는 자의 비방에서 나를 구원하실지라 하나님이 그의 인자와 진리를 보내시리로다 … 무릇 주의 인자는 커서 하늘에 미치고 주의 진리는 궁창에 이르나이다"(시 57:3,10)

인자와 진리!

요한계시록 안에서도 이 인자와 진리를 맛볼 수 있다. 만약 봉해진 샘이 열린다면, 주님의 마음속에서 길러지는, 교회를 향한 깊은 사랑을 느낄 수 있다. 이 계시의 말씀 안에는 그 사랑이 샘처럼 흐르고 있다. 또한 짙은 진리를 맛보게 된다. 계시록은 일곱 교회와 일곱 교회의 뒷이야기로 꾸며져 있다. 일곱 서신 안에 계시록이 담겨 있고, 계시록에 일곱 서신이 다시 펼쳐져 있다. 이런 구조로 기록하신 이유는 교회들로 하여금 진리의 생수를 마시게 하기 위함이다. 비록 숨겨져 있을지라도 주님은 잠근 동산을 열어 주신다. 왜냐하면 계시록 안에 감춰 놓으신 사랑과 진리를 우리의 진실한 목소리로 듣고 싶어 하시기 때문이다.

하나님께서 계시록을 통해 우리에게 보여 주시고 싶은 것, 세 가지가 있다.

첫째는, 예수님의 모습이다. 사도 요한을 통해 보게 하셨다.

둘째는, 교회의 모습이다. 일곱 서신을 통해 보게 하셨다.

셋째는, 미래의 모습이다. 천사를 통해 보게 하셨다.

이를 통해 주님을 만나는 그날을 준비하게 하셨다.

이 책에서도 이 세 가지 모습 속에 담긴, 주님의 진실한 사랑과 진리의 이야기를 캐 보려고 하였다. 미래에 소망을 품게 하는 작업이다. 계시록의 심장을 찔러 그 속에서 사랑과 진리의 피가 흘러나온다면 주님은 얼마나 기뻐하실까?

# 차례

## 제1부

## 제2부

# 제1부

제1장

# 첫사랑

"내가 너를 사랑하는 줄을 알게 하리라"(계 3:9)

계시록에는 전체를 관통하며 흐르는 특별한 감정이 있다. 그것은 그리스도를 떠난 자들을 향한 주님의 마음의 고난으로부터 느껴지는 감정이다. 주님은 자신의 생명으로 우리의 생명을 대신할 만큼 우리를 사랑하신다. 그런데 우리가 그 사랑을 떠나 다른 길로 간다면 주님의 마음은 고통, 그 자체일 것이다. 왜냐하면 우리가 가고 있는 길의 끝을 아시면서 보고 계시기 때문이다. 예수께서 지금도 고통 가운데 계신다면 바로 이것 때문일 것이다. 주님은 자신의 품을 떠난 자들이 다시 그 사랑 안으로 돌아오기를 바라며 기다리신다. 그것은 무엇을 통해서라도 꼭 이루어야만 한다. 그래서 이 계시의 말씀 안에는 잃어버린 양들을 향한 진실하고도 애절한 사랑이 녹여져 있다. 첫사랑의 향수를 자아내는 사랑의 샘이 깊이 흐르고 있다.

## 1. 편지 속에 담긴 사랑

일곱 교회 중에서, 이러한 사랑을 크게 느낄 수 있는 두 교회가 있다. 심각한 문제를 안고 있었던 라오디게아 교회와 두아디라 교회이다. 먼저 라오디게아 교회를 보면 그 교회는 돈과 상품들을 사랑하고 있었다. 자기를 위하여 그것들을 우상처럼 섬긴 것이다. "나는 부자라 부요하여 부족한 것이 없다"라는 말에서 알 수 있듯이 풍부한 재물에 한껏 취해 있다. 예수그리스도는 안중에도 없다. 게으르고, 눈멀고, 벌거벗었다. 예수께서 문밖에서 문을 두드리고 계신 것을 보면 그들 안에는 주님이 계시지 않는다는 뜻이다. 그들은 그러한 사실조차 모르고 있다. 그런데 그럼에도 불구하고 그들을 향한 주님의 마음은 변함이 없으신 것을 보게 된다. 왜냐하면 아직도 여전히 그들을 향하여 "내가 사랑하는 자"라고 부르고 있기 때문이다.[1] 이뿐 아니라 라오디게아 교회는 일곱 교회 중에서 칭찬할 만한 점이 없어 책망만 받은 유일한 교회이지만 각 교회들에게 말씀하신 약속 중에서 가장 큰 약속을 해 주셨다.

> "볼지어다 내가 문 밖에 서서 두드리노니 누구든지 내 음성을 듣고 문을 열면 내가 그에게로 들어가 그와 더불어 먹고 그는 나와 더불어 먹으리라 이기는 그에게는 내가 내 보좌에 함께 앉게 하여 주기를 내가 이기고 아버지 보좌에 함께 앉은 것과 같이 하리라"(계 3:20-21)

이 말씀을 요약하면 다음과 같을 것이다.

'네 마음의 보좌에 날 앉힌다면 내 보좌에 널 앉히리라.'

하나님의 오른편에 앉아 계신 주님의 보좌에 함께 앉게

---

1) 계 3:19

해 주시겠다는 약속이다. 가히 상상을 초월하는 놀라운 말씀이다. 탐욕의 노예가 되어 어둠 속 깊은 밑바닥에 있는 자라 할지라도 주님을 마음 중심에 모시고 사랑과 진리를 나누며 주님과 함께 다시 시작한다면 가장 높고 영광스러운 자리에 앉을 수 있다는 소망을 주신 것이다. 세상 영광에 빠져 타락된 인생을 살아가는 자들에게 가장 큰 영광을 비춰 주시며 권면과 격려를 해 주시니 얼마나 감격했을까? 편지를 읽으며 눈시울이 뜨거워졌을 것이다. 이것이 주님의 은혜이다. 교회를 향한 사랑의 깊이와 높이를 느끼게 한다.

두아디라 교회를 통해서도 그 사랑을 느낄 수 있다. 그 교회에는 거짓 선지자 이세벨이 있었다. 예수께서는 그에게 여러 차례 회개의 기회를 주었다고 말씀하고 있다.

> "또 내가 그에게 회개할 기회를 주었으되 자기의 음행을 회개하고자 하지 아니하는도다"(계 2:21)

여기서 "내가… 주었으되"를 원어로 보면 계속적 용법의 부정과거형이다. 이것은 과거로부터 현재에 이르기까지 지속적으로 회개를 권고하고 있음을 뜻한다. 이세벨이 누구인가? 사탄의 종으로 변질되어 음행과 우상숭배를 퍼뜨리고 있는 자다. 그런데 그러한 자라 할지라도 주님은 그를 외면하거나 버리지 아니하시고 그가 돌아오도록 여러 차례 회개의 기회를 주시고 있다는 것이다. 주님은 그가 사탄의 교훈을 가르쳐 교회를 실족시키고 있음을 알고 계셨음에도, 그를 향한 사랑을 멈추지 않으시고 인내하며 기다려 주시고 있다는 말씀이다. 너무나 놀라운 일이다. 주님의 사랑은 공의보다 크다는 것을 깨닫는다. 예수께서 사랑하시는 자를 누가 판단할 수 있을까? 그리스도를 떠나 세상을 사랑하는 음녀 같은 자라 할지라도, 누가 정죄할 수 있을까? 주님은 한시도 그를 향한 시선을 떨구지 않으시고 부르시고 있다.

## 2. 환난 속에 담긴 사랑

계시록에 기록된 환난은 온 세상에 임하는 환난이다. 이방인에게는 심판의 도구이며, 하나님을 떠난 하나님의 백성에게는 경성의 도구가 된다. 하나님은 환난을 내리실 필요가 없는 자들에게는 환난으로부터 지켜 주시지만, 하나님을 떠난 자들은 환난을 통해 새롭게 변화되기를 바라신다. 그 이유는 생명과 관련이 있기 때문이다. 그래서 하나님은 아직 돌아오지 않는 자들에게 오늘도 경고의 나팔을 불어 듣게 하신다. 그들의 가슴에 울려지기를 간절히 바라는 마음으로 그 나팔을 불어 대신다. 감사하게도, 하나님께서 목적하신 대로, 환난은 아픈 것이지만 사랑의 소리로 듣고 돌아오는 자들이 있다. 그 수는 셀 수 없이 많다. 능히 아무도 셀 수 없는 큰 무리가 죄 많은 땅에서 하늘 보좌 앞으로 나아가고 있다. 놀라운 일이다.

> "각 나라와 족속과 백성과 방언에서 아무도 능히 셀 수 없는 큰 무리가 나와 흰 옷을 입고 손에 종려 가지를 들고 보좌 앞과 어린 양 앞에 서서 큰 소리로 외쳐 이르되 구원하심이 보좌에 앉으신 우리 하나님과 어린양에게 있도다 … 이는 큰 환난에서 나오는 자들인데 어린 양의 피에 그 옷을 씻어 희게 하였느니라"(계 7:9-14)

참으로 감격스러운 장면이다. 이것은 잃어버린 양을 향한 하나님의 한없는 사랑의 결실이다. 자신이 지은 죄들로 말미암아 더러워진 옷을 입고 있던 자들이 환난을 겪으면서 자신의 모습을 깨닫고 회개하였던 것이다. 하나님의 사랑이 그들을 다시 살리신 것이다. 계시록은 성경의 마지막 책이기에 하나님을 등지고 세상으로 나간 자들이 돌아오기를 바라는 하나님의 마음이 더 깊게 담겨져 있다. 특히 예수께서 재림하시기 전 마지막 7년을 남겨두고, 하나님을 떠나 타락한 길로 가고 있는 잃어버린 양들을 환난 가운데 세우시는 것은, 마치 생명이 위중한 환자를 대수술을 해서라도 살려 내려는 간절한 마음에서 비롯된 것이다.

환난 속에 담겨있는 하나님의 사랑은 11장에서도 보게 된다. 거기에는 큰 성에 대한 이야기가 나온다. 그 성을 가리켜 "주께서 십자가에 못 박히신 곳"이라고 말씀하신 것을 보면, 그 성은 예루살렘 성이라는 것을 알 수 있다.

> "그들의 시체가 큰 성 길에 있으리니 그 성은 영적으로 하면 소돔이라고도 하고 애굽이라고도 하니 곧 그들의 주께서 십자가에 못 박히신 곳이라"(계 11:8)

그런데 그 성이 소돔과 애굽처럼 크게 변질되었다고 말씀하고 있다. 하나님은 두 증인을 그 성안으로 보내 하나님의 말씀을 전하게 하셨다. 두 증인의 시체가 그 성 길에 있는 것으로 보아 하나님의 말씀을 전한 곳이 그 성안이었음을 알수 있다.[2] 그런데 두 증인의 사역을 자세히 들여다보면, 예수께서 행하신 일들과 매우 흡사한 것을 발견하게 된다. 그들은 예수그리스도처럼 하나님으로부터 보내심을 받은 선지자이다. 하나님의 말씀을 전한 대상이 하나님의 백성이었고 그 기간은 삼 년 반이다. 핍박도 있지만 하나님께로부터 부여받은 권세와 능력을 통해 증거들을 보여 주며 예언의 말씀을 전하였다. 그들의 최후도 주님과 같이 세상 권력자 짐승에 의해 순교하게 되고 죽은 후 다시 살아나 하늘로 올라간다. 그리고 지진도 일어난다. 죽기 전까지 목숨을 아끼지 아니하고 사명을 감당한 자들이다. 이처럼 두 증인은 그리스도와 많은 공통점을 가지고 그리스도의 삶을 재현하였다. 이렇게 하신 이유는 무엇일까? 그것은 이 두 증인을 통해 주님의 마음의 소리를 들려주고 싶었던 것이다.

"주께서 십자가에 못 박히신 곳이라"(계 11:8)

이 구절은 계시록 중간장인 11장에서도 가운데에 위치하고 있다. 주님은 의도적으로 계시록 정중앙을 조준하여

2) 계 11:8

십자가를 세우시고 타락한 성안에 사랑의 피를 떨구신 것이다. 그들의 심장에 떨어지기를 간절히 바라는 주의 심정이 느껴진다. 그리고 예수께서 두 증인 안에 자신을 투영시키시고 놀라운 메시지를 남기신다.

> 내 피가 흘린 곳은 어디냐
> 내 피가 흘린 곳은 너희가 아니냐
> 어찌하여 음란한 소돔 성이 되었고, 우상 가득한 애굽 성이 되었는고
> 내가 보낸 선지자들을 돌로 쳐 죽이더니 마지막 내 종들마저 죽였도다
> 내 말 듣기를 괴로워하는 목이 곧은 백성아 돌아오라
> 두 증인을 통해 나타난 불, 사망, 기근, 피, 재앙, 전쟁, 지진은[3)]
> 내가 너희를 위해 마지막 이레 동안 내리는 환난을 가리키고 있지 않느냐
> 그 환난은 나에게 돌아오게 할려는 내 사랑의 증거가 아니냐

---

3) 계 11:5-7, 13

음행과 우상숭배 하는 너희들에게 회개하지 않으면
큰 환난을 내리겠다고 말했었노라[4)]
내가 사랑하는 자를 책망하여 징계하노니[5)]
깨닫는 자는 내가 너를 사랑하는 줄을 알리라[6)]

우리를 사랑하사 그의 피로 우리를 사신 사랑은 그침이 없다. 두 증인은 죽었지만 주님의 사랑은 멈추지 않는다. 타락한 성을 흔들어 깨우신 후 남은자들을 회개시키신다.

"그 때에 큰 지진이 나서 성 십분의 일이 무너지고 지진에 죽은 사람이 칠천이라 그 남은자들이 두려워하여 영광을 하늘의 하나님께 돌리더라"(계 11:13)

잃어버린 양들을 향한 주님의 사랑은 6장 마지막 부분에서도 보게 된다. 거기에는 예수께서 재림하시기 직전에 일어나는 한 장면을 보여 주고 있다. 이것을 통해 그동안 그리스도를 떠난 자들에게 쏟아부으셨던 주님의

---

4) 계 2:22
5) 계 3:19
6) 계 3:9

마음을 온몸으로 느끼게 된다.

> "산들과 바위에게 말하되 우리 위에 떨어져 보좌에 앉으신 이의 얼굴에서와 그 어린 양의 진노에서 우리를 가리라 그들의 진노의 큰 날이 이르렀으니 누가 능히 서리요 하더라"(계 6:16-17)

이 구절은 임박한 어린양의 진노를 감지하고 두려움에 떠는 자들의 입에서 나온 말이다. 예수께서는 이와 같은 일이 일어날 것을 미리 말씀하신 적이 있다. 십자가를 지고 가시는 그리스도로 인해 가슴을 치며, 슬피 우는 예루살렘 성 여인들에게 하셨던 말씀이다.

> "예루살렘의 딸들아 나를 위하여 울지 말고 너희와 너희 자녀를 위하여 울라 … 그 때에 사람이 산들을 대하여 우리 위에 무너지라 하며 작은 산들을 대하여 우리를 덮으라 하리라 푸른 나무에도 이같이 하거든 마른 나무에는 어떻게 되리요"(눅 23:28-31)

이 말씀은 앞으로 하나님의 심판을 받아 예루살렘이 멸망할 터인데, 그때 너희들이 산들을 향하여 "우리 위에 무너지라 우리를 덮으라"는 말을 하지 않도록 자신을 위해 울어야 한다는 말씀이다. 동시에, 이 예언의 말씀은 재림 심판 때에도 이런 상황이 발생하지 않도록, 하나님의 백성은 자신을 위해 울어야 한다는 중의적 의미를 가지고 있다. 그렇다면, 주의 재림과 함께 일어날 어린양의 진노를 느끼자 두려운 나머지 산들과 바위를 향해 '우리 위에 떨어져 우리를 가려달라'고 말하고 있는 자들은 누구인가? 세상 사람들인가? 성도들인가? 아니면 그리스도를 떠난 자들인가? 이 질문에 대한 답은 그들의 입을 통해 나온 말에서 찾을 수 있다. 그들의 말을 들어 보면, 그들은 보좌가 무엇인지를 알고 있는 자들이다. 그리고 그 보좌 위에 앉으신 하나님을 알고, 어린양도 알고 있다. 심지어 어린양의 진노가 무슨 뜻인지를 알고 있는 자들이다. 하지만 박해와 유혹 앞에서 그리스도를 배반하고 우상을 섬긴 자들이다. 그들을 바라보는 주님의 심정은 어떠했을까? 그들이 돌아오기를 오랜 세월 기다리고, 또 기다리셨을 것이다. 그들의 마음이 다시 열리도록 계속 두드리며 그 이름을 부르셨을 것이다. 장차 이기는 자에게 주시는 영광스러운 약속을 보여 주시며 시선을 돌리려고도 하셨을 것이다. 심지어 환난을 내리시면서까지 어둠의 잠에서 깨어나기를 간절히 바라셨을 것이다. 그럼에도 불구하고 끝내 돌아서지 않은 상태에서 두 눈이 마주친다. 그들을 향한 주님의 마음은 안타까움과 절망감으로 가득하다. 그들이 여기까지 오게 된 과정을 계시록을 통해 보았고, 지금 그들을 바라보는 주님의 심정이 느껴질 때, 봉해졌던 사랑의 샘이 여기서 터지게 된다. 역설적이지만, 그건 사실이다. 절망적인 안타까움이 느껴지는 만큼이나, 그 사랑의 전율이 온몸을 휘감게 된다.

## 3. 마지막 한 구절 속에 담긴 사랑

> "자기 두루마기를 빠는 자들은 복이 있으니 이는 그들이 생명나무에 나아가며 문들을 통하여 성에 들어갈 권세를 받으려 함이로다"(계 22:14)

이 말씀은 예수께서 성경을 쓰시던 펜을 내려놓기 전, 사랑하는 교회들을 향해 마지막으로 외치는 소리이다. 예수님의 첫 마디 "회개하라 천국이 가까이왔느니라"와 같은 말씀을 마지막 장에 다시 하셨다. 이것은 이 땅의 모든 교회가 생명나무 열매를 먹으며 새 예루살렘 성에 들어가게 되기를 바라는 간절한 바램 속에서 하신 말씀이다. 이 말씀에는 아무런 조건을 달지 않고 부르시고 있다. 그가 누구이든, 그가 무슨 죄를 지었던지, 자신이 걸어온 인생길에서 뒹굴며 더럽혀진 죄들이 아무리 많다 할지라도, 돌아오기만 한다면 사랑의 품으로 안아주시겠다는 말씀이다. 하루 일곱 번씩 찾아간다 하더라도 용서해 주실 것이고, 일곱 번씩 일흔 번이라도 무한하신 그 사랑이 너그러이 용서해 주실 것이다. 그때가 죽기 직전이라 할지라도 돌이켜 죄로 더러워진 옷을 씻는다면 주님 옆에 있던 강도처럼 주님은 거룩한 성에 들어갈 권세를 주시겠다는 약속의 말씀이다.

예수께서는 세상길로 가버린 자들을 돌이키기 위해 때론 글(2-3장)로, 때론 전하는 메시지(10-11장)를 통해 부르신다. 심지어 고통스런 환난을 통해서라도 돌아오게 하신다. 눈으로 보고, 귀로 듣고, 온 몸으로 느끼며, 다시 '내 품 안으로 돌아오라'는 사랑의 손짓인 것이다. 이것이 계시록의 흐름이다. 주님은 죽을 만큼 사랑한, 그 사랑을 마지막 책을 통해 다시 보여 주고 싶어 하신다. 그래서 계시록은 마음으로 사랑했던 첫사랑을 버리고 떠난 자들에게 보내는 사랑의 편지요, 눈물의 편지이다. 주님과의 첫사랑은 아가서처럼, 서로를 가슴에 품고 팔에 새기며 함께 다녔던 사랑이다. 그 사랑은 죽음처럼 강했고, 세상 영광이 홍수처럼 밀려와도 꿈쩍하지 않았다. 온 재산을 팔아 와 그 사랑과 바꾸자 할 때, 멸시의 눈총을 주었던, 그런 사랑이었다. 주님은 우리와 처음 만났던 사과나무 아래에서 그 첫사랑이 다시 깨어나기를 원하시고 있다.[7)]

이처럼 계시록에는 주님의 사랑이 크고 강렬하게 놓여 있다. 교회를 향한 그리스도의 사랑과 피가 계시록의 중심 주제이다. 교회가 그리스도를 떠났다 할지라도 못 자국 난 구멍을 막지 않으신다. 십자가에 매인 사랑의 포승줄을 풀지 않으신다. 어린양의 피로 회복되기를 끈기 있게 바라시며 기다리신다. 계시록에서 이 숨은 스토리를 본다면, 주께서 계시록을 쓰시던 그 때의 심정이 느껴진다면, 그 앞에서 울지 않을 수 있으랴, 무릎을 꿇지 않을 수 있으랴, 그 사랑을 진실한 마음으로 고백하게 될 것이다. 계시록을 이런 관점으로 다가간다면, 계시록을 눈으로 읽는 것이 아니라 가슴으로 보게 된다. 읽는 자, 듣는 자, 지키는 자는 주 안에서 복된 자임을 확인하게 된다. 계시록을 너무 넓게 보면 교회가 보이지 않는다. 계시록은 교

---

7) 아 8:5-7

회를 위하여 교회에 주신 것이라고 말씀하셨다.[8] 주님과 교회와의 관계 속에서 해석해야 한다고 본다. 계시록은 바로 교회 이야기이며, 우리를 향한 주님의 사랑 이야기이다. 예수그리스도 계시 안에는 숨겨진 주님의 사랑이 샘처럼 흐르고 있다.

---

8) 계 22:16

제2장

# 땅과 바다의 전쟁

"그러므로 하늘과 그 가운데에 거하는 자들은 즐거워 하라 그러나 땅과 바다는 화 있을진저 이는 마귀가 자기의 때가 얼마 남지 않은 줄을 알므로 크게 분내어 너희에게 내려갔음이라 하더라"(계 12:12)

계시록에는 땅과 바다가 많이 등장하고 있다. 하나님께서 만드신 자연이지만 계시록에서는 특별한 의미를 상징할 때가 있다. 교회와 마귀와의 전쟁을 땅과 바다와의 전쟁으로 묘사한 것이 그 일례가 된다. 다시 말하면, 마귀와의 영적 전쟁을 땅에 있는 교회와 바다를 지배하고 있는 마귀와의 전쟁으로 그리고 있다. 이것은 마귀가 자기의 때가 얼마 남지 않은 줄을 알고 크게 분내어 땅과 바다에 있는 자들에게 내려간 이유이기도 하다. 교회와 마귀와의 사이에서 벌어지는 전쟁에는 숨겨진 그림이 있다.

"밝은 대낮이다. 오수를 즐기던 아담이 기지개를 켜고 그 자리에서 일어난다. 하와가 미소를 띠며 들고 들어온 열매를 쑥 내민다. '안돼, 하나님이 금하신 거야 먹으면 죽어', '안 죽어요 괜찮아요'. 먹으면 반드시 죽는다는 하나님의 말씀을 받은 아담은 그 말씀을 쭉 지켜 왔고 전한 터라 요지부동이다. 하지만 가져온 열매를 맛있게 먹고 있는 모습을 곁눈질로 보니 입안 가득 침이 고인다. 몇 번이고 침을 꿀꺽 삼키다가 그만……. 결코 죽지 않는다는 뱀의 말을 받아먹고 계명을 떨어뜨린 그들은 에덴 동산 밖으로 옮겨지게 되었다. 이번엔 가인 차례다. 가인의 안색이 예전 같지 않다. 많이 변했다. 웬만하면 넘어갔는데 화를 잘 낸다. 문을 나서면 문에서 노려보고 있던 검은 그림자가 가인의 팔짱을 끼고 끌고 다닌다. '죄를 지어도 괜찮아 별문제 없어'라는 생각이 그날 일을 내고 만다. 아벨을 쳐서 죽이는 사건이 일어났다. 악한 자에게 속하게 된 가인이 자기 동생을 죽인 것이다. 이 일로 인해 가인은 여호와 앞을 떠나 더 먼 땅으로 옮겨지게 된다. 인간의 비극은 계명을 어기면서 시작된다. 사람을 사랑하셔서 자연 만물을 아름답게 지어 주셨지만, 하나님의 사랑을 버리자 하나님과 멀어지게 되고 사랑의 증표들이 깨지기 시작한다. 땅이 저주를 받아 가시와 엉겅퀴를 내더니 마지막 때는 불타고, 어두워지고, 피로 변하고, 죽고, 사라진다. 점점 피로 물들어 가는 바다 위에서 아담은 초조한 눈빛으로 바라보고 있다. 에덴동산으로부터 점점 멀어지더니 여기까지 떠내려온 것이다."

땅 위에 있던 교회가 십자가를 통해 가졌던 첫사랑이 빠져나가면, 주님의 손에서도 벗어나게 된다. 그때부터 땅에서 흔들리기 시작한다. 마귀가 던져 주는 시험을 이기지 못하게 되고, 에베소 교회에 경고하신 말씀처럼 교회가 그 자리에서 옮겨지게 된다.[1] 그런데 교회가 옮겨지는 방향이 바다 쪽으로 옮겨지는 것을 보게 된다. 이 이야기는 12장 13절부터 시작된다. 거기를 보면, 마귀가 여자(교회) 뒤에서 입으로 나오는 물을 강같이 토해내고

1) 계 2:5

있다. 만약 이겨내지 못한다면 강물에 휩쓸려 바다로 떠내려가게 될 것이다. 그런데 이 싸움에서 이기는 자들이 있다. 이들은 마귀의 공격에도 불구하고 하나님의 계명을 지키며 예수의 증거를 놓지 않은 자들이다. 마귀는 이들로 인해 분노하며 여자가 있던 광야로부터 돌아가 바다 모래 위에 선다.

> "용이 여자에게 분노하여 돌아가서 그 여자의 남은 자손 곧 하나님의 계명을 지키며 예수의 증거를 가진 자들과 더불어 싸우려고 바다 모래 위에 서 있더라"(계 12:17)

마귀가 바다 모래 위에 선 이유는 땅과 바다의 경계선인 바다 모래 위에 서서 두 짐승을 불러내 땅 위의 남은 자들을 바다 쪽으로 떠내려가도록 하기 위해서다. 13장 1절부터는 바다에 있는 짐승을, 13장 11절부터는 땅에 있는 짐승을 동원시켜, 이 두 짐승들의 손에 날카롭게 양날이 선 칼을 쥐어 준다. 박해와 미혹의 칼이다. 이것을 휘둘러 남은 자들, 곧 하나님의 계명을 지키고 예수의 증거를 가진 이들마저 자기가 지배하는 바다로 떠내려가게 하려는 계략인 것이다. 땅 위에 남을 것인가? 아니면 바다 쪽으로 떠내려갈 것인가? 이것은 생사를 건 전쟁이다. 첫사랑을 잃어버리면 하나님의 말씀에서도 벗어나 그 자리에서 옮겨지게 된다. 돌아서지 않으면 점점 생명력을 잃고 세속의 물결에 의해 바다로 떠내려가게 된다. 마치 거룩한 것과 속된 것을 구별해 주는 성전의 담에 구멍이 생기고 그곳을 통해 가증한 것들이 들어와 이스라엘 백성이 바벨론으로 떠내려가게 된 것과 같은 일이 벌어지게 된다.[2)]

"땅 위에 있는 한 교회가 보인다. 손에 금잔을 들고 있는 붉은 그림자가 벽에 어른거린다. 두리번거리더니, 그 안으로 들어가 사람들 사이를 헤집고 다닌다. 그에게 걸리면 독주에 취한 것처럼 비틀거리게 된다. 그 금잔을 마시는 자가 보인다. 그 금잔에 취한 자는 결국 중심을 잃고 쓰러진다. 그러자 검은 물이 바닥 위로 스며 올라와 넘어진 자를 수면 위로 띄워 배처럼 떠내려가게 한다. 키를 잃은 배마냥 정신없이 떠내려간다. 어디로 가는 걸까? 바다가 보인다. 온통 먹구름이 낀 하늘에서 번개가 내리치고 우렛소리가 들리는 기괴한 날씨가 이 배를 반긴다.

2) 겔 8:7–18; 42:20

바다 위 한 성에 이르자 혼절한 자를 깨워 그 성으로 모셔 가 극진히 대접한다. 그는 보배로운 것들로 채워진 성안을 둘러보며 놀란다. 빛난 보석, 고급스러운 옷과 향수, 그리고 화려한 장식과 맛있는 음식들이 보인다. 만면에 미소를 띠며 만족스러워한다.[3)]

첫사랑! 신혼 때의 기쁨이며 광야에서 나누었던 사랑이다. 주님은 한 번도 변한 적이 없건만 거리를 좁힐 수가 없다. 사랑의 힘이 빠지니 물결처럼 흔들리고 어지럽다. 첫사랑이 바람에 날려 가니 낯선 바람이 분다. 지금 어디로 가고 있는가? 사랑하는 자를 잃어버렸을 때 병이 낫었건만, 이젠 그 병마저 오지 않는다. 그 사랑을 어디서 다시 찾을 수 있을까? 다시 주님 앞에, 그 사랑을 떨군 음녀로 서 있다. 시험에 맥없이 쓰러지고 사랑의 대용품을 찾는다. 돈에 눈멀고 보배로운 상품에 벌거벗겨진다. 껍데기만 남는다. 종교 껍데기다. 눈을 들어 보니, 문 쪽에서 상인들이 눈에 혹할 만한 것들을 양손에 잔뜩 들고 들어온다. 커다란 배로 운반한 진귀한 것들이다. 마음이 다시 그쪽으로 기운다. 조금 후 사람 소리가 들리더니 많은 사람들이 성안으로 들어오고 있다. 상인들은 보배로운

---

3) 계 18:12-13

상품만 거래하는 것이 아니었다. 사람들의 영혼도 거래하고 있었다. 몇 날이 지나 알게 되었지만, 그들은 그게 목적이었다. 고가에 팔리기 때문이다. 도대체 이 성의 주인은 누구란 말인가?"

18장에는 바벨론이라고 불리는 큰 성에 대한 이야기가 나온다. 그 성은 바다에 있다. 무역업자들은 땅에 있는 상인들로부터 보배로운 상품들을 사서 그 성에 팔아왔다. 이로 인해 무역업자들과 땅의 상인들은 큰 부를 쌓았고 그 상품들을 바닷길로 운반해 주는 운송업자들도 치부하였다. 그런데 그 성이 불타고 무너지자, 더 이상 부를 취할 수 없어 이들 모두는 불타는 연기를 바라보며 애통해 한다.[4] 결국 그 큰 성은 지진으로 갈라져 무너지게 되고 그 성이 있던 섬도 바닷속으로 사라지고 만다.[5] 빛나고 탐스러운 것들도, 그것에 취해 있던 사람들도 바닷속으로 빠져들어 간다. 햇빛이 미치지 않는 어둠 속으로 내려간다. 아무것도 보이지 않는 심연 속으로 한없이 들어간다. 화려했던 것들이 사라지고 허망한 인생도 막을

---

4) 계 18:11-19

5) 계 16:18-20; 18:2

내린다.

"이에 한 힘 센 천사가 큰 맷돌 같은 돌을 들어 바다에 던져 이르되 큰 성 바벨론이 이같이 비참하게 던져져 결코 다시 보이지 아니하리로다"(계 18:21)

그들의 결말이 이렇게 될 줄 아시는 하나님은 그 성안에 있는 하나님의 백성에게 거기서 나올 것을 명령하셨다.

"또 내가 들으니 하늘로부터 다른 음성이 나서 이르되 내 백성아, 거기서 나와 그의 죄에 참여하지 말고 그가 받을 재앙들을 받지 말라"(계 18:4)

마침내, 하나님께서 심판하시는 날이 다가왔다. 땅에서 교회들을 공격하여 바다로 떠내려가게 했던 마귀를 불과 유황으로 타는 못에 던져버리신다. 그런 후 바닷속으로 빠져들어 갔던 자들을 다시 그 바다로부터 나오게 하여 자기 행위에 따라 책들에 기록된 대로 심판하신다.

"또 그들을 미혹하는 마귀가 불과 유황 못에 던져지니 거기는 그 짐승과 거짓선지자도 있어 세세토록 밤낮

괴로움을 받으리라 … 바다가 그 가운데에서 죽은 자들을 내주고 또 사망과 음부도 그 가운데에서 죽은 자들을 내주매 각 사람이 자기의 행위대로 심판을 받고"(계 20:10-13)

계시록에서 하늘과 땅과 바다는 특정된 영역을 상징할 때가 있다. 하늘은 마귀와의 모든 싸움에서 이긴 자들이 있는 곳이고, 땅은 교회와 마귀가 싸우는 격전지이며 바다는 마귀와의 싸움에서 진 자들이 있는 곳으로 묘사하고 있다. 그래서 마귀는 땅에 있는 교회들을 뒤흔들어 하나님을 떠나 바다로 떠내려가게 하고, 바다에 있는 자신의 성안에 가두었다가 심판받게 한다. 각 족속과 방언과 나라 가운데 있는 모든 교회들은 이러한 영적 전쟁을 치열하게 치르고 있다. 그렇다면 마귀와의 전쟁을 땅과 바다를 배경으로 한 영역싸움의 형태를 띠며 마치 그림을 보는 것 같이 회화적 구조를 띠게 하신 이유는 무엇일까? 그것은 눈에 보이지 않지만 은밀하게 치러지고 있는 영적 전쟁의 실상을 겉으로 드러내, 교회로 하여금 경각심을 높이고 깨어 경계하도록 구상하신 것이다. 또한 자신은 지금 어떤 상태에 있는지 돌아보게 하셨다. 흔들림 없이 땅 위에 있는지, 아니면 바다 쪽으로 떠내려가고 있는지, 만약 떠내려간다면 어디까지 가고 있는지 혹 바다에 있는 성안에 갇혀 있는 것은 아닌지 분별하도록 하신 것이다. 바다의 성안에 갇힌 자가 거기서 빠져나오지 않는다면 그 결말이 어떻게 되는지를 비유이지만 시각적으로 분명하게 보여 주셨다. 그리고 땅 위에 굳게 선 견고한 교회들로 하여금 성이 무너지기 전에, 섬이 가라앉기 전에, 떠내려간 하나님의 백성을 향해 생명줄을 던지도록 긴급히 요청하고 있는 것이다.

> "그러므로 우리는 들은 것에 더욱 유념함으로 우리가 흘러 떠내려가지 않도록 함이 마땅하니라"(히 2:1)

교회가 이러한 영적 전쟁을 치르는 동안 유의해야 할 것이 있다. 그것은 흘러 떠내려가지 않으려면 들은 것에 더욱 유념하라고 권면하신 것처럼 이 전쟁은 메시지 전쟁이라는 점이다. 복음과 거짓복음이 충돌하며 싸우는 전쟁이다. 다니엘서는 네 개의 환상을 통하여 세상 권력자인 짐승에 대해 자세히 설명하고 있는 반면에 계시록은 다니엘서에는 없는 것을 비춰주고 있는데 그것은 그 짐승과 함께 활동하는 거짓선지자이다. 계시록은 이 거짓선지자를 집중적으로 조명하고 있다. 그 이유는 사탄이 교회를 떠내려가게 할 때 거짓선지자의 입에서 나오는 거짓교훈을 쏟아내기 때문이다. 13장 11절부터 보면 땅에서 올라온 짐승이 있는데 그 짐승의 정체가 거짓선지자다. 19장 20절과 비교해 보면 알 수 있다. 그는 13장 14절에서 사람들을 미혹하며 "우상을 만들라"고 말하고 있다. 이와 같이 거짓복음은 다음과 같은 특징을 가지고 우상숭배의 자리에 빠지게 한다.

1) 성경에 기록된 하나님이 아닌, 인간의 욕심을 위해 다르게 변조한 하나님을 섬기게 한다. 우리의 마음속에 다른 하나님을 두게 하고 하나님을 섬기는 것처럼 착각하게 한다.
2) 하나님을 섬기되, 우상을 섬기듯 자기 자신을 위해 섬기게 한다. 탐심이 우상숭배이기 때문이다.
3) 천국 복음을 땅의 복음으로 바꿔 땅에 있는 것들을 하나님보다 더 섬기게 한다.

이처럼, 마귀는 은밀하고도 교묘하게 주인을 바꿔치기 하고 있다.

예수께서는 일곱 교회에 보내신 편지를 통해 이기는 자가 되라고 여러 차례 말씀하셨다. 또한 싸움에서 지면 어떻게 되는지 상세하게 반복해서 보여 주시고 있다. 계시록은 어디를 보나 이긴 자와 진 자의 모습이 보인다. 계시록은 이긴 자와 진 자의 이야기이다. 일곱 교회 중에서 이기고 있는 자들이 있다. 서머나 교회는 모든 환난과 시험에도 굴하지 않고, 오히려 하나님 안에서 부요한 믿음을 가졌으며, 변질되지 않고 신실하게 달려가고 있다. 버가모 교회는 사람의 교훈을 따라가 우상을 숭배하고 행음하는 자들이 있었지만, 믿음을 저버리지 않은 자들이 있었다. 두아디라 교회는 복음이 변질되어 세속화된 자들이 있었지만, 그것에 영향을 받지 않은 남은 자들이 있었다. 그들은 예수께서 더 바랄 것이 없을 만큼 귀한 믿음을 갖고 있었고, 지금의 신앙을 잘 유지하라는 권면을 받았다. 빌라델비아 교회는 사탄의 무리들의 공격 속에서도 말씀을 지키며 주님을 배반하지 않았다. 그리고 예수께서 그들을 사랑하고 있음을 증명해 주실 만큼 그들도 주님을 사랑하고 있다. 이들은 모두 땅 위에 견고하게 선 성도들이다.

17장은 계시록에 나오는 모든 상황 중에서 가장 어두운 때다. 짐승과 큰 음녀와 열왕들이 합세하여 공격하고 있기 때문이다. 큰 위기 속에 놓여 있다. 그야말로 앞이

전혀 보이지 않는 칠흑 같은 어두움이다. 그러나 그 어둠 속에 한줄기 빛처럼 비추는 보석 같은 말씀이 있다.

> "그들이 어린 양과 더불어 싸우려니와 어린 양은 만주의 주시요 만왕의 왕이시므로 그들을 이기실 터이요 또 그와 함께 있는 자들 곧 부르심을 받고 택하심을 받은 진실한 자들도 이기리로다"(계 17:14)

교회를 공격하는 그들의 세력이 아무리 크고 강하다 할지라도 만주의 주가 되시는 예수그리스도와 함께 있는 자는 이길 것이라는 말씀이다. 만왕의 왕이신 주와 함께 싸운 교회는 이 땅에서 최후의 승리자가 될 것이라는 소망의 메시지이다. 원수들이 쏟아내는 물살에 휩쓸리지 않고, 그리스도 안에 있는 사랑과 진리의 말씀을 끝까지 붙잡고 역류하는 신실한 교회는 승리의 깃발을 높이 들고 주님과 함께 바다가 아니라 하늘로 옮겨지게 될 것이다. 그리고 마귀가 지배하던 그 바다는 더 이상 존재하지 않게 될 것이다.

> "또 내가 새 하늘과 새 땅을 보니 처음 하늘과 처음 땅이 없어졌고 바다도 다시 있지 않더라"(계 21:1)

## 제3장

# 예수님의 두 모습

예수께서 계시록을 통해 우리에게 보여 주시고 싶은 것, 세 가지가 있다.

첫째는, 예수님의 모습이다. 사도 요한의 눈을 통해 예수님의 모습을 보게 하셨다.

둘째는, 교회의 모습이다. 일곱 서신을 통해 주님의 눈으로 우리를 보게 하셨다.

셋째는, 미래의 모습이다. 천사를 통해 미래를 보게 하셨다.

이 세 가지는 계시록의 주제가 되며 계시록을 통해 보여 주신, 본 것과 지금 있는 일과 장차 될 일에 해당된다.[1]

계시록을 읽는 자들로 하여금 나는 어떤 모습인지, 미래에는 어떤 일이 일어나며, 나의 신앙과는 무슨 연관이 있는지, 그리고 다시 오실 예수님은 어떤 모습으로 오시는지를 깨달아 그날을 위해 지혜로운 선택과 결단을 하게 하신다. 이 중 사도 요한의 눈에 비친 예수님의 모습을 살펴보고자 한다.

요한은 예수님을 다시 만나게 되었고 그가 본 예수님의 모습을 1장 10절부터 20절까지 기록해 놓았다. 여기에 나타난 주님의 모습을 다음과 같이 표현해 보았다.

예수께서는 발에 끌리는 옷을 입은 제사장으로서 우리의 죄를 대속해 주시고 우리로 하여금 하나님의 나라와 제사장이 되게 하신다. 가슴에 금띠를 띠신 왕은 선하심과 인자하심으로 우리를 다스리신다. 흰 양털 같은 머리털은 전쟁에 승리한 깃발같이 이긴 자로서 우리에게 이김을 주신다.

불꽃같은 눈으로 거짓 교훈과 교묘하게 속이는 미혹의 영을 꿰뚫어 보시고 위급한 상황에 놓인 양들이 없는지 살피신다. 시험에 빠진 양들에게는 속히 달려가 주석 같

---

1) 계 1:19

은 강한 발로 뱀과 전갈을 밟아 버리신다. 손에 쥔 사망과 음부의 열쇠는 교회를 박해하는 어둠의 세력들을 집어넣으신다.

큰 나팔 소리 같은 큰 음성으로 위험신호를 알려 깨어나게 하시고, 많은 물소리 같은 음성으로 진리의 생수를 끊임없이 공급해 주셔서 우리를 생명의 강 가로 인도하신다. 입에서 나오는 좌우에 날선 검으로 우리의 영과 혼과 몸을 치료해 주시고 만물을 벌거벗긴 듯 분별하게 하신다.

해가 힘 있게 비치는 것과 같은 얼굴의 광채는 우리 안에 있는 어둠을 몰아내고 정오의 빛 같은 의의 길로 이끌어 주신다. 권능의 오른손으로 교회의 목자들을 붙드시고 교회 사이를 부지런히 다니시며 양들을 보호하시며 꼴을 먹여 주신다.

요한은 이처럼 은혜로우신 주님을 다시 만나게 되어 무척이나 반갑고 기뻤을 것이다. 그런데 예수님의 모습을 머리끝에서 발끝까지 보던 요한에게 뜻밖의 일이 생긴다. 갑자기 주님의 발 앞에 쓰러진 것이다. 무슨 영문인가? 예수께서 엎드러진 요한에게 오른손을 얹으시며 두려워하지 말라고 말씀하신 것으로 보아 요한이 기절한 이유는 두려움 때문이라는 것을 알 수 있다. 그렇다면 예수님의 모습에서 무엇을 보았기에 두려워 죽은 자처럼 되었을까? 충격적인 뭔가를 본 것이 분명하다. 그런데 문제는 1장에 나타난 주님의 모습에서는 그럴 만한 요소를 발견할 수가 없다는 것이다. 어찌된 일인가?

그 이유를 19장에서 찾아보고자 한다. 요한은 1장에서만 예수님을 본 것이 아니라 19장에서도 보게 된다. 19장에서의 모습은 예수께서 지상에 재림하셔서 심판하시는 모습이다. 그런데 1장에서 보았던 예수님의 모습 가운데 몸의 일부를 사용하여 심판을 행하시고 있는 모습이 보인다. 심판의 도구로 사용된 것은 얼굴과 눈과 입과 발이다. 이 네 가지를 가지고 심판하시는 장면을 19장을 통해 보면, 1장에서 주님의 얼굴이 해가 힘 있게 비치는 것 같다고 했듯이 주님의 얼굴의 광채를 상징하는 태양이 재림 전 어두워진 땅을 비추고 있다. 그리고 주님의 불꽃같은 눈으로 심판받을 자들을 색출하신다.[2] 그런 다음 주님의 입에서 나오는 예리한 검으로 치시고 주석 같은 발로 진

---

2) 계 19:12, 17–20

3) 계 19:15

노의 포도주 틀을 밟으신다.[3)] 그러니까 요한이 주님의 모습을 보다가 두려움을 느끼고 주님 발앞에 엎드러져 죽은 자처럼 된 것은 1장에서 예수님의 모습을 보고 있을 때 몸의 일부를 통해 심판을 행하시는 모습이 동시에 비쳤기 때문이라고 본다. 이런 모습을 보게 하신 후 이어 2장과 3장에서 교회의 문제점들을 들추어 책망과 경고를 하신 것으로 보아 교회와도 관련이 있을 것이다. 음행과 우상숭배하는 자들이 있었던 버가모 교회와 두아디라 교회에 서신을 보내실 때 송신자인 예수님의 모습을 보면 버가모 교회는 좌우에 날 선 검을 가지신 모습으로, 두아디라 교회는 불꽃같은 눈과 빛난 주석 같은 발을 가지신 모습으로 표현하고 있다.

결국 요한의 눈을 통해 보여주신 예수님의 모습은 사랑과 공의의 두 모습이다. 1장에서는 교회를 돌보시고 양육하시는 사랑의 모습을, 19장에서는 공의로운 심판을 집행하시는 심판자의 모습을 보여주셨다. 예수께서 이 두 모습을 보여주신 이유는 무엇일까? 사랑하시는 교회들로 하여금 재림에 대한 오해가 없도록 하기 위해서다. 예수그리스도의 초림은 사랑과 구원의 이미지였다면, 재림은 공의와 심판의 이미지를 갖고 있다. 예수님은 이 두 가지를 분명하게 구분 짓도록, 두 모습을 대조시켜 보게 하신 것이다. 다시 말하면 예수께서 초림의 모습에 가려진 재림의 모습을 꺼내신 것이라 할 수 있을 것이다. 그래서 교회들로 하여금 깨달아 주의 재림을 준비하도록 하신 것이다. 만약 교회가 늘 깨어 주 안에 거하는 교회라면 요한에게 두려워하지 말라고 말씀하신 것처럼 심판에 대한 두려움이 없을 것이며 오히려 그날이 기다려질 것이다. 그리고 지금의 고난과 비교할 수 없는 칭찬과 존귀와 영광을 얻게 될 것이다.

예수께서 재림하실 때의 모습을 보면, 피가 뿌려진 옷을 입으시고 '하나님의 말씀'이라는 이름을 가지고 내려오신다.[4] 이것은 우리의 구원을 위해 생명의 피를 흘려주신 예수께서 다시 오실 때는 하나님의 말씀을 잣대로 공의로운 심판을 행하신다는 뜻으로 해석할 수 있을 것이다. 복음에는 권리와 책임이라는 양면이 있다. 그리고 여기에 상응하는 예수님의 두 모습이 있다. 그날 모든 성도들은 살아가는 동안 행한 선과 악에 대한 평가가 있고 거기에 대한 대가를 받게 될 것이다.

---

4) 계 19:13

“보라 내가 속히 오리니 내가 줄 상이 내게 있어 각 사람에게 그가 행한 대로 갚아 주리라”(계 22:12)

“모든 교회가 나는 사람의 뜻과 마음을 살피는 자인 줄 알지라 내가 너희 각 사람의 행위대로 갚아 주리라”(계 2:23)

제4장

# 성전 언약궤

"이에 하늘에 있는 하나님의 성전이 열리니 성전 안에 하나님의 언약궤가 보이며 또 번개와 음성들과 우레와 지진과 큰 우박이 있더라"(계 11:19)

하나님은 언약의 하나님이시다. 하나님은 자기 백성으로 선택한 자와 언약을 맺으신다. 그 언약대로 살 것을 명하시고, 그 언약대로 응대하신다. 이것이 하나님의 통치 방식이다. 그래서 성경은 언약을 중심으로 기록되었다.

사도 요한은 11장에서 장차 일어날 일들을 보는 가운데

갑자기 언약궤가 눈앞에 나타났다. 하나님께서 하늘 성전을 여시고 그 성전 안에 있던 언약궤를 보여 주신 것이다. 하나님께서 그렇게 하신 이유는 장차 일어날 일들이 아무런 근거나 기준 없이 일어나는 것이 아니라, 하나님과 하나님의 백성 사이에서 약속한 그 언약을 따라 이루어지는 것임을 선언하신 것이다. 하나님은 행하시는 모든 일에 언약을 벗어나지 않으신다. 하나님의 백성과 약속하신 그 언약대로 이행하시는 언약의 하나님이시다. 하나님의 언약은 크게 네 가지 주제로 되어 있다. 언약 안에는 하나님의 사랑과 공의가 있고, 언약 안에는 하나님의 긍휼과 소망이 담겨 있다. 계시록도 이 네 가지가 밑그림으로 깔려 있다.

먼저, 하나님의 언약 안에는 하나님의 사랑이 있다. 그 사랑을 크게 깨닫게 하는 약속이 있는데 십계명을 말씀하시는 가운데 상상할 수 없는 놀라운 말씀을 해 주셨다. "나를 사랑하고 내 계명을 지키는 자에게는 천 대까지 은혜를 베푸느니라"(출 20:6) 어떻게 은혜가 천 대까지 이어질 수 있을까? 그런데 언약을 추적해 보면 과장된 말씀이 아니라는 것을 알게 된다. 하나님께서 하나님의 백성과 언약을 맺을 때, 제일 먼저 하신 약속이 있다.

> "내 언약을 지키면 너희는 모든 민족 중에서 내 소유가 되겠고 너희가 내게 대하여 제사장 나라가 되며 거룩한 백성이 되리라"(출 19:5-6)

이 말씀은 언약의 뼈대에 해당된다. 우리가 하나님의 언약을 지킨다면 하나님의 소유가 되고 거룩한 백성이요 하나님의 제사장이 될 것이라는 약속이다. 그런데 이것은 비단, 구약시대에 국한된 말씀이 아니다. 계시록 1장 6절을 통해서 알 수 있듯이 신약시대에도 적용이 된다. 더 나아가 장차 올 그리스도의 나라까지 이어지는 약속이다.

> "이 첫째 부활에 참여하는 자들은 복이 있고 거룩하도다 둘째 사망이 그들을 다스리는 권세가 없고 도리어 그들이 하나님과 그리스도의 제사장이 되어 천 년 동안 그리스도와 더불어 왕 노릇 하리라"(계 20:6)

하나님의 충만한 수, 천 대를 가능케 하는 놀랍고도 복된 언약이다. 하나님을 사랑하며 그 언약 안에 머무는 것이 얼마나 중요한지를 깨닫게 해 준다.

두 번째, 하나님의 언약 안에는 하나님의 공의가 있다.

하나님의 공의는 언약 안에서 사랑하시는 것이 하나님의 공의다. 하나님의 사랑은 기준 없이 무질서하지 않다. 언약을 벗어난 이에게는 언약대로 대가를 받게 하신다. 신명기 30장에 나와 있듯이, 하나님을 사랑하고 법도를 지키는 자는 그 언약대로 생명과 복을 받는다. 하지만 언약을 버리고 하나님을 떠난자는 그 언약대로 사망과 화를 받게 된다.[1] 이러한 언약 안에 있는 공의는 계시록 11장에서도 보게 된다. 11장은 계시록의 축소판이다. 거기에는 상징적 표현을 통해 마지막 때에 일어날 환난을 예고하고 있고 장차 도래할 그리스도의 나라와 통치, 그리고 주께서 재림하셔서 치러질 이방인에 대한 심판과 하나님의 백성에 대한 상벌심판을 예언하고 있다. 그런 다음 19절에서 하늘 성전을 열어 언약궤를 보여주셨다. 그 이유는 장차 일어날 환난과 심판이 언약대로 집행되는 하나님의 공의에서 비롯된 것임을 나타내신 것이다. 또한 환난과 심판이 이방인에게만 내려지는 것이 아님을 말씀해 주신 것이다. 우리는 '어떻게 하나님께서 자기 백성에게 노하시며 심판하실 수 있는가'라는 의문을 가질 때가 있다. 그러나 언약을 생각하면 답이 분명해진다. 오히려

1) 신 30:15–20

언약을 맺은 하나님의 백성이기 때문에 그 언약에 따라 공의를 행하시는 것이다.

두아디라 교회 안에는 음행과 우상숭배하는 자들이 있었다. 예수께서는 그들에게 회개할 것을 명하셨고, 만약 회개하지 않는다면 질병과 큰 환난과 사망이 임할 것이라고 말씀하셨다.[2] 징계의 수위가 점점 높아지고 있는 것을 보게 된다. 재림 전 마지막 이레 동안에 내려지는 환난도 갈수록 강도가 높아진다. 이런 현상은 환난의 종류와 함께 이미 율법과 선지서를 통해 예고하셨던 것이다.[3] 구약시대 이스라엘 백성에게도 동일하게 적용되어 하나님의 사랑과 언약을 버린 그들에게 하나님은 언약에 약속한 대로 징벌을 내리셨다.

> "내가 그들에게 행하라 명령하였어도 그들이 행하지 아니한 이 언약의 모든 규정대로 그들에게 이루게 하였느니라"(렘 11:8)

---

2) 계 2:20-23

3) 레 26장; 신 28장

그런데 참으로 감사한 것은 하나님께서 주신 언약 안에는 하나님의 긍휼이 있다는 것이다. 하나님의 공의를 무색하게 하는 것을 예비해 두셨다. 그것은 구약시대부터 예표되었던 언약의 피다. 언약의 피에는 두 가지가 있다. 언약을 어긴 자가 흘려야 할 생명의 피와 그 생명을 대속하기 위해 흘리는 속죄의 피다. 언약서를 사이에 두고 언약의 피를 뿌린 것은 언약을 어긴 자는 생명의 피를 흘려야 한다는 맹세이다. 이처럼 언약은 생명을 담보로 이루어진다. 그런데 하나님의 백성이 언약을 어겼는데, 하나님께서 그 책임을 지셨다. 그것은 하나님의 아들의 피로 대가를 지불하셨기 때문이다. 언약 안에서 사랑하시는 것이 하나님의 공의이기 때문에 언약 밖으로 나간 자는 거기에 상응하는 대가를 언약대로 받아야 마땅하다. 그런데 돌아오는 자에게는 그런 일이 없었던 것으로 여기게 하는 그리스도의 보배로운 피를 준비하셨다. 계시록은 시작부터 그 피를 흘려보내시며 마지막 장까지 그 피로 말미암은 풍성한 긍휼을 교회 위에 부으시고 있다.(본서 7장 참조) 이처럼 하나님의 언약 안에는 우리의 연약함을 위한 하나님의 긍휼이 있다.

마지막으로, 하나님의 언약 안에는 소망의 메시지가

있다. 하나님의 백성이 언약을 버리고 우상을 섬기는 죄를 범하여 하나님께서 쫓아냈다 할지라도 돌아온다면, 이전보다 더 번성하게 해 주신다는 약속이 있다.[4] 이것이 하나님의 마음이다. 자기 백성이 절망하는 일은 결코 허락할 수 없다. 어둠 뒤에는 항상 빛을 예비해 두셨다. 선지자들의 예언 안에는 항상 소망의 메시지가 있다. 그중 궁극적인 소망은 의와 평강의 왕이 다스리시는 그리스도의 나라가 임하는 것이다. 우리는 거기서 약속하신 하나님의 번영을 누리게 될 것이다. 구약은 언약이며, 신약은 그리스도 안에서 그 언약의 성취를 말씀하고 있다. 그 절정을 계시록에서 보게 된다. 그래서 어두움보다 밝은 내일을 조명해 주시고 있다. 계시록에서 이긴 자들을 따라가 보라. 얼마나 영광스러운 소망으로 가득 차 있는지 말로 다 형용할 수 없다. 하나님은 전능의 왕이시다. 그 전능은 언약을 위해 예비되어 있다. 언약을 이루기 위해서라면 상상할 수 없는 하나님의 전능성을 발휘하실 것이다. 언젠가는 홀로 높으신 영광을 바라보며 두 손을 높이 들고 찬송하며 엎드려 경배하는 언약의 완성을 보게 될 것이다. 우리는 그 나라를 비추실 광명한 새벽 별을 기다

---

4) 신 30:1-5

리고 있다. 영광스러운 그 나라는, 언약에 신실하신 하나님의 열심으로, 마침내 이루실 것이다. 모든 교회와 피조물들이 고대하는, 하나님의 아들의 나타나심과 영광의 자유에 이르는 소망은 약속대로 이루실 것이다.

> "일곱째 천사가 나팔을 불매 하늘에 큰 음성들이 나서 이르되 세상 나라가 우리 주와 그의 그리스도의 나라가 되어 그가 세세토록 왕 노릇 하시리로다"(계 11:15)

그러므로, 이 예언의 말씀을 통해 "다시 언약 안으로 돌아오라"고 말씀하시고 있다. 죄 사함을 위해 흘린 언약의 피 안으로 돌아와, 장차 도래할 그리스도의 나라에 함께 들어가자고 부르시고 있다.

다시 오실 예수께서는, 환난이 온 세상에 임하여 땅에 거하는 자들을 시험할 때에 이 땅의 모든 교회가 빌라델비아 교회에 약속하신 것처럼 환난으로부터 보호를 받으며, 마지막 일곱째 나팔 소리에 영광스러운 모습으로 들림받고, 그리스도의 나라에서 주와 함께 영원한 사랑을 누리게 되기를 원하시고 있다.

# 제5장
# 오른손의 별

"네가 본 것은 내 오른손의 일곱 별의 비밀과 또 일곱 금 촛대라 일곱 별은 일곱 교회의 사자요 일곱 촛대는 일곱 교회니라"(계 1:20)

별은 교회의 지도자인 목자를 가리킨다.[1] 목자장이신 예수그리스도는 별 중에서도 빛나는 새벽 별이다.[2] 별이 주님의 광명한 빛을 받아 교회에 비치면 교회는 세상을

---

1) 유 1:12–13
2) 계 22:16

비추는 촛대가 된다. 교회는 예수그리스도를 비추는 세상의 빛이다. 이 역할을 잘 감당하도록 주님의 권능의 오른손 안에 지도자들을 붙들고 계신다. 그런 반면에 마귀는 별을 타락시켜 떨어뜨리려고 한다. 목자를 치면 양들은 흩어지고 교회는 무너지기 때문이다. 계시록은 이 두 양상을 보여 주며 서로 접전하는 모습을 비추고 있다.

예수께서 일곱 교회에 보내신 서신 중에는 실명을 거론한 두 사람이 있는데 안디바와 이세벨이다. 이 두 사람은 서로 비견할 만한 대상이며 상반된 길을 간 자들이다. 안디바는 충성스러운 종으로서 우상숭배를 거부하며 그리스도를 증언하다가 순교한 별이다. 이세벨은 중도에 신앙을 버리고 사탄의 종으로 변질된 선지자이다. 예수께서 그가 돌아오도록 여러 차례 회개의 기회를 주신 것을 보면 알 수 있다. 주님의 오른손에서 떨어져 나간 타락한 별인 것이다. 그런데 문제는 별 하나의 타락으로 끝나지 않는다는 것이다. 하나의 별에는 그 별을 믿고 따르는 많은 성도들이 있다. 별의 영적 상태에 따라 그들도 영향을 받고, 별의 말과 행동을 그대로 따른다, 별의 영향력과 사명의 중요함은 아무리 말해도 지나치지 않을 것이다. 더구나 사탄이 타락한 별을 통해 다른 별들을 타락시킨다면 이보다 더 충격적이면서 파급력을 가진 일은 없을 것이다. 실제로 이런 일이 두아디라 교회 안에서 벌어졌다.

> "그러나 네게 책망할 일이 있노라 자칭 선지자라 하는 여자 이세벨을 네가 용납함이니 그가 내 종들을 가르쳐 꾀어 행음하게 하고 우상의 제물을 먹게 하는도다"
>
> (계 2:20)

타락하여 거짓선지자가 된 이세벨은 바른 교훈이 아닌 사탄의 교훈[3]을 두아디라 교회 주의 종들에게 가르쳐 행음하게 하였다. 이 과정을 16장에서 일어났던 일과 비교하며 살펴보면, 사탄이 미혹할 때 일어나는 영적 현상을 들여다볼 수 있다. 16장 13절과 14절을 보면 용과 짐승과 거짓선지자가 사람들을 자기 뜻대로 이끌려고 미혹할 때 그 입에서 귀신의 영이 나와 활동하는 것을 보게 된다. 이처럼 거짓선지자 이세벨도 거짓된 교훈으로 미혹할 때 그녀의 속에 있던 미혹의 영이 입으로부터 나와 그 교훈을 받아들이는 자들에게 함께 들어가게 된다. 예수께서

---

3) 계 2:24

말이 곧 영이라 말씀하셨다. 입에서 나오는 것이 사람을 더럽게 한다고 하셨다. 사탄이 준 생각을 가룟 유다가 받아들이자, 사탄이 가룟 유다 속으로 들어간 것과 같이, 사탄의 교훈을 받아들이는 자들에게 사탄의 교훈과 함께 입에서 나온 미혹의 영이 들어가게 된다. 그렇게 되면, 그리스도의 영과 연합되었던 영이, 그리스도의 영이 아닌 다른 영과 연합하게 된다. 이것이 영적 간음이다. 2장 22절에서 '그녀와 더불어 간음한다'는 말씀은 이를 두고 하신 말씀이다. 겉으로는 보이지 않지만 그들의 내면에서 일어나고 있는 이 일을 '불꽃같은 눈'으로 보고 계신 예수께서는 "나는 사람의 뜻과 마음을 살피는 자인 줄 알지라"(계 2:23)라고 말씀하셨다. 12장 4절에서도 용의 꼬리가 별 삼분의 일을 끌어다가 땅에 던지는 장면이 나온다. 이사야서는 꼬리가 거짓선지자를 가리키고 있다.[4] 이처럼 사탄은 별을 타락시키고 그 별들을 조종하여 다른 별들을 타락시키고 있다. 사탄이 교회를 공격하는 주된 길은 말과 영이다. 진리의 영을 통해 바른 교훈을 가르칠 것인가? 미혹의 영을 통해 거짓 교훈을 가르칠 것인가? 이 문제는 교회가 안고 있는 가장 심각한 영적 싸움에 해당된다고

4) 사 9:15–16

본다. "이 집은 살아계신 하나님의 교회요 진리의 기둥과 터니라"(딤전 3:15) 말씀하셨다. 교회는 진리로 터를 만들고 진리에 의해 세워진다. 이 사실을 아는 마귀는 영적 전쟁을 메시지 전쟁으로 몰아가고 있다. 이 전쟁의 꼭지점에 말씀을 전하는 자가 있고 성경은 이들을 가리켜 별이라고 부른다. 그래서 영적 전쟁의 최상위는 별들의 전쟁이며 또한 메시지 전쟁이다. 이 전쟁은 에덴동산에서부터 시작되었다. 하나님의 말씀을 받아 그 말씀대로 살며 전하는 아담과 마귀의 말을 받아 하나님의 말씀을 어기게 하는 하와와의 싸움이 그 시초이다. 사탄의 전략은 거짓 교훈을 퍼뜨려 계명을 어기게 하고 하나님과 분리시켜 심판을 받게 하는 데 있다. 계시록은 에덴동산에서 예고편처럼 스케치되었던 영적 전쟁에 색채를 입혀 다시 보여 주신 것이다. 어둠이 땅을 덮고 캄캄함이 만민을 가리는 전쟁터에서 승리하는 길은 무엇보다 진리의 말씀을 바르게 분별하는 일일 것이다.

> "너는 진리의 말씀을 옳게 분별하며 부끄러울 것이 없는 일꾼으로 인정된 자로 자신을 하나님 앞에 드리기를 힘쓰라"(딤후 2:15)

거짓 교훈에는 어떤 것이 있을까? 일곱 교회에 해당되는 몇 가지를 살펴 보면,

1) 하나님은 "네가 먹는 날에는 반드시 죽으리라" 말씀하셨지만 마귀가 준 거짓된 씨를 여전히 물고 '이젠 예수님 때문에 죄를 지어도 큰 문제 없어'라며 현대판 선악과를 따 먹게 한다. 그래서 사데 교회는 삶 속에서 온전한 행위를 찾아볼 수 없었다. 겉만 살았고 속은 죽어 있었다.

2) 하나님을 금송아지로 변조시킨다. 한없이 뜻대로 해 주며 화낼 줄 모르고 부귀영화를 가져다주는 신으로 변형시켜, 그 우상 앞에서 먹고 마시고 일어나 뛰놀게 한다. 그래서 입안에는 복음이 가득하나, 라오디게아 교회처럼 가슴 안에는 예수께서 계시지 않는다. 뱀이 하와를 거짓 교훈으로 꾀어냈듯이 성도들이 다른 복음에 미혹 당하면 에덴을 떠나 시날에 바벨성을 세우게 된다.

3) 천국복음을 땅의 복음으로 전락시켜 믿음을 세속화시킨다. 훼손된 믿음은 수로 없는 저수지처럼 탐심

으로 가득 차게 만든다. 모든 우상숭배는 자기 자신을 위한 탐욕에서부터 비롯된다. 버가모 교회와 두아디라 교회에서 일어난 우상숭배와 음행의 원인이다.

4) 이 모든 일들은 에베소 교회처럼 처음 사랑을 버리면서 시작된다. 처음 사랑을 버리게 되면 마귀가 가져오는 시험에 넘어지고 참되신 주를 버리고 다른 것을 주인으로 섬기게 된다. 에베소 교회를 "네 교회"라고 말씀하신 것을 보면, 이제 더 이상 주님의 교회가 아니라 자신들의 교회가 되어 버렸다는 뜻이다.

마귀가 부리는 간계의 끝은 교회로 하여금 범죄하도록 미혹하고 조장하여 심판을 받게 하는 것이다. 그래서 일곱 교회에 보낸 서신에는 교묘하게 죄의 문을 열어 주어 하나님의 말씀과 계명을 폐하게 하는 사람의 교훈, 즉 니골라당의 교훈과 발람의 교훈, 그리고 사탄의 교훈을 언급하시며 경계하도록 하셨다. 마귀는 계명 중에서도 우상숭배와 음행을 행하도록 미혹한다. 왜냐하면 하나님을 배반하는 일이기 때문이다.[5] 성경은 이 죄를 땅을 망하게 하고, 더럽히는 죄로 규정하고 있다.[6] 예수께서도 우상을 가리켜 멸망하게 하는 가증한 것이라고 말씀하셨고, 이스라엘 백성이 망한 이유이다. 또한 큰 성 바벨론이 심판을 받은 원인 중의 하나이다.[7] 마귀는 이것을 노리고 있다. 그래서 계시록은 우상숭배와 음행을 금하도록 시종일관 강조하고 있다. 영적 전투에서 마지막까지 승리자로 남아 영광의 주인공이 될 사람은 어떤 시험과 고난 속에서도 범죄하지 않고 하나님의 계명과 믿음을 지키는 자임을 명시하고 있다.

> "성도들의 인내가 여기 있나니 그들은 하나님의 계명과 예수에 대한 믿음을 지키는 자니라"(계 14:12)

일곱 서신을 보면 두아디라 교회 주의 종들 외에도 마귀의 공격을 받은 지도자들이 있다. 그 공격으로 인해 침해를 받은 자들도 있고 이겨 내고 있는 자들도 있다. 계시록은 그것을 뚜렷하게 보여 주고 있다. 에베소 교회는 첫사랑을 빼앗겼고, 사데 교회는 죽은 믿음의 형식적

---

5) 겔 14:5
6) 계 11:18; 19:2
7) 계 17:4

인 종교인이 되어 버렸고, 라오디게아 교회는 재물에 의해 눈이 멀게 되었다. 그러나 땅으로 떨어진 별들과는 달리 주님의 손안에 거하며 승리하는 별들이 있다. 사탄이 일으키는 시험과 환난에도 불구하고 주의 몸 된 교회를 아무런 흠 없이 세워 가고 있는 서머나 교회의 별이 있다. 충성된 자가 살해되는 충격적인 사건과 생명을 위협하는 상황 속에서도 목숨을 걸고 믿음을 지켜 나가고 있는 버가모 교회의 별이 있다. 사탄의 교훈을 거부하고 사랑과 믿음과 섬김과 인내와, 갈수록 많아지는 열매로 칭찬받은 두아디라 교회의 별이 있다. 사탄의 무리들의 공격에도 사랑과 믿음을 지켜 내고 말씀에 순종하여 면류관을 받은 빌라델비아 교회의 별이 있다. 그리고 마귀의 박해에도 불구하고 자기 생명을 아끼지 아니하고 신앙을 위해 죽음을 택한 별들과, 두 증인처럼 하나님의 명을 받아 타락한 하나님의 백성들을 살려 내기 위해 하나님의 말씀을 전하다가 죽임을 당한 위대한 별들이 있다.[8] 이들의 숭고한 신앙과 흘린 피는 땅과 하늘이 기억할 것이다. 이들은 모두 그리스도의 충성된 군사이며, 그리스도의 신부들이다.

8) 계 11:7

하나님 나라의 승패를 가름하는 중추적인 역할을 하는 자가 별이다. 주님은 오늘도 권능의 오른손 안에 별들을 붙잡고 교회들을 보호하시며 양육하신다. 주께서 세우신 목자들이 자신을 붙잡고 계시는 그 오른손을 결코 놓지 않고, 많은 사람들을 진리의 길로, 생명의 길로 인도한다면 하나님의 나라는 확장될 것이며 쓰임받은 목자들은 하늘의 별처럼 영원히 빛날 것이다. 장차 목자장이 나타나실 때에 영광의 면류관을 얻게 될 것이다.

제6장

# 영의 옷

계시록은 미래에 대한 중요한 정보를 제공하고 있다. 6장부터 22장까지 많은 부분을 할애하여 장차 일어날 일들을 보여 주시면서 우리의 신앙과는 어떤 연관이 있는지 깨달아 깨어 준비하는 자가 되도록 하셨다. 그런데 가만히 들여다 보면 장차 일어날 사건들에 대한 이야기와 함께 그 사건들 속에 있는 사람들에 대한 이야기도 강하게 부각되어 다가오는 느낌을 받는다. 이럴 때면 사건 중심보다는 사람 중심으로 기록했다는 생각이 든다. 왜냐하면 계시록 전반에 걸쳐 여러 부류의 사람들을 계속해서 등장시키고 있기 때문이다. 더구나 매 장마다 사람들을 서로 대비시켜 보게 하셨고 심지어 그들의 결말까지 보여 주시고 있다. 그 이유는 뭘까? 그들을 바라보는 우리에게 '너는 어느 쪽에 속해 있는냐? 어느 쪽으로 가야 하겠느냐?'라는 질문을 던지시며 우리 스스로의 모습을 보도록 하신 것이라고 본다.

하나님은 이와 더불어 자신의 신앙 상태를 좀 더 구체적으로 알 수 있는 방법을 마련해 주신 것이 있다. 그것은 영의 옷이다. 계시록에는 옷에 대한 이야기가 나온다. 이 옷은 하나님께서 사랑하시는 교회들이 자신의 영적 상태를 분별할 수 있도록 준비하신 것이다. 열 사람이면 열 사람 다 각자의 신앙 수준이 달라 모든 성도를 세분하여 분류하기는 불가능하다. 그래서 신앙 상태를 크게 네 부류로 나누어 각각의 신앙에 따라 네 종류의 옷을 입혀 주시고 자신의 모습을 보게 하셨다. 이 옷은 육안으로는 볼 수 없는 옷이지만 그 옷이 가진 의미를 안다면 내가 어떤 옷을 입고 있으며, 어떤 상태에 있는지 파악할 수 있다. 계시록에 나오는 사람들에게도 그들의 신앙 상태에 따라 네 종류의 옷을 입혀 볼 수 있다. 하나님께서 지으신 영의 옷에는 어떤 것들이 있으며, 신앙과는 어떤 연관이 있는지 살펴보고자 한다.

## 1. 흰옷

"이기는 자는 이와 같이 흰 옷을 입을 것이요 내가 그 이름을 생명책에서 결코 지우지 아니하고 그 이름을 내 아버지 앞과 그의 천사들 앞에서 시인하리라"(계 3:5)

"각 나라와 족속과 백성과 방언에서 아무도 능히 셀수 없는 큰 무리가 나와 흰 옷을 입고 손에 종려 가지를 들고 보좌 앞과 어린 양 앞에 서서 큰 소리로 외쳐 이르되 구원하심이 보좌에 앉으신 우리 하나님과 어린 양에게 있도다"(계 7:9-10)

흰옷을 입은 자는 그 이름이 생명책에 기록된다고 말씀하고 있다. 또한 흰옷을 입은 자들이 천상에 계신 하나님과 어린양 앞에서 구원의 은혜에 감사하는 것으로 보아 흰옷은 그리스도 안에서 거듭난 자에게 입혀 주시는 옷이라 할 수 있다. 갈라디아서 표현대로라면 그리스도로 옷 입은 것이다.[1] 하나님께서 범죄한 아담에게 짐승을 죽

---

1) 갈 3:27

이고 그 짐승의 가죽을 입히신 것은 장차 세상 죄를 지고 가는 하나님의 어린양이신 그리스도로 옷 입게 될 것을 예표하신 것이다. 그럼 왜 흰색일까? 흰색은 정결함을 뜻하는 색이다. 거듭날 때, 전에 지은 죄들이 그리스도의 피로 깨끗하게 씻겼다는 의미일 것이다.[2] 이사야서는 이 옷을 '구원의 옷'이라 하였다.[3]

## 2. 빛나고 깨끗한 세마포 옷

"어린 양의 혼인 기약이 이르렀고 그의 아내가 자신을 준비하였으므로 그에게 빛나고 깨끗한 세마포 옷을 입도록 허락하셨으니 이 세마포 옷은 성도들의 옳은 행실이로다 하더라 천사가 내게 말하기를 기록하라 어린 양의 혼인 잔치에 청함을 받은 자들은 복이 있도다"(계 19:7-9)

빛나고 깨끗한 세마포 옷은 "그의 아내가 자신을 준비

2) 롬 3:25
3) 사 61:10

하였으므로" 입혀 주시는 옷이라고 말씀하고 있다. 다시 말하면 중생을 통하여 그리스도와 약혼한 신부가 그리스도를 다시 만나 혼인할 때까지 자신을 준비한 자에게 입히시는 옷이라는 말씀이다. 이어서 "이 세마포 옷은 성도들의 옳은 행실이로다"라고 말씀하셨다. 이 말씀은 그리스도 안에서 거듭나 흰옷을 입게 된 성도들이 옳은 행실의 삶을 살 경우 빛나고 깨끗한 세마포 옷을 입혀 주신다는 말씀이다. 그러니까 '자신을 준비했다'는 말은 옳은 행실의 삶을 살았다는 뜻이 된다.

이사야서는 이 옷을 '구원의 옷(흰옷)' 위에 입는 옷이라 하여 '의의 겉옷'이라 칭하였고 신부가 보석으로 자기를 단장한 것 같다고 했다.[4] 이들은 이 옷을 입고 혼인 잔치에 참여하게 되며 복이 있다고 말씀하신다. 그렇다면, 흰옷 입은 자는 천국에 들어갈 수 있지만 혼인 잔치에 참여할 수 없다는 말씀이 된다. 우리가 어린양의 신부에 대해 통상적으로 가지고 있던 기존 개념을 깨는 말씀이라 쉽게 받아들이기는 어려울 것이다. 예수께서 말씀하신 열 처녀 비유에서 깨어 자신을 준비하지 못한 자들은 혼인 잔치에 들어가지 못하였다. 의로운 삶을 살 만큼 자신을 성화시킨

---

4) 사 61:10

자들은 빛나고 깨끗한 세마포 옷을 입고 천국혼인잔치에 참여하게 될 것이다.

## 3. 더러운 옷

> "그러나 사데에 그 옷을 더럽히지 아니한 자 몇 명이 네게 있어 흰 옷을 입고 나와 함께 다니리니 그들은 합당한 자인 연고라 이기는 자는 이와 같이 흰 옷을 입을 것이요"(계 3:4–5)

> "이는 큰 환난에서 나오는 자들인데 어린 양의 피에 그 옷을 씻어 희게 하였느니라"(계 7:14)

예수께서 사데 교회에 보내신 서신을 보면, 그 교회는 옷과 관련된 두 부류의 사람이 있는 것을 알 수 있다. 한 부류는 흰옷을 입은 자들이고, 다른 한 부류는 그 흰옷이 더럽혀진 자들이다. 이것은 중생할 때 입혀 준 흰옷이 고정된 상태로 있는 것이 아니라 더럽혀 질 수 있다는 것을 보여 주신 것이다. 그러면 어떨때 더럽혀지는가? 더러운 옷을 어린양의 피로 씻는다는 것으로 보아 죄와 연관이 있다는 것을 알수 있다. 과거 대제사장 여호수아도 죄로 인해 영의 옷이 더러워진 적이 있었다.[5] 영적 상태가 옷에 반영되고 있다. 만약 옷이 더러워진 상태로 계속 지낸다면, 돌이킴이 없는 삶에, 불의한 언행이 지속되고 있다는 뜻이다. 이러한 자들은 사데 교회처럼, 자신의 신앙을 성장시킬 수 없는 죽은 믿음을 가진 자이다. 옷을 씻는 일은 중요하다. 어린 양의 피로 씻어 옷을 희게 하고, 그 피로 씻으면서 회개와 회개의 합당한 열매를 맺어 의롭고 거룩한 길을 가게 된다.

## 4. 벗겨진 옷(벌거벗은 상태)

> "네가 말하기를 나는 부자라 부요하여 부족한 것이 없다 하나 네 곤고한 것과 가련한 것과 가난한 것과 눈 먼 것과 벌거벗은 것을 알지 못하는도다 … 흰 옷을 사서 입어 벌거벗은 수치를 보이지 않게 하고"(계 3:17–18)

---

5) 슥 3:3–5

"보라 내가 도둑 같이 오리니 누구든지 깨어 자기 옷을 지켜 벌거벗고 다니지 아니하며 자기의 부끄러움을 보이지 아니하는 자는 복이 있도다"(계 16:15)

그리스도 안에서 거듭나 흰옷을 입게 된 자가 죄를 짓게 되면 흰옷이 더러워지지만 회개하여 어린양의 피로 씻는다면 다시 희게 된다. 그런데 만약 더러워진 옷을 그대로 방치하면서 계속 죄악된 길로 간다면, 나중에는 더러워진 그 옷마저 빼앗기게 되고 벌거벗은 수치를 드러내게 된다. 벌거벗은 자는 라오디게아 교회에서 보았듯이 그 사람 안에는 예수께서 계시지 않는다. 다시 자기 자신이 주인이 되어 세속화되고 타락한 삶을 사는 자이다.

간략하게 살펴보았지만, 이와같이 하나님은 네 종류의 영의 옷을 각 사람의 신앙에 따라 입혀 주셔서 자신의 신앙 상태를 분별하도록 하셨다. 현재 자신의 모습을 영의 옷을 통해 보게 하신 것이다. 이 옷은 영적 생명과 무관하지 않으며, 하늘의 영광과도 밀접한 연관이 있다. 옷을 지킨다는 것은 자신의 신앙을 지키는 것과 같은 의미이며, 계시록에 나오는 일곱 가지 복 중의 하나가 될 만큼 중요하다. 계시록을 읽을 때 '나는 지금 무슨 옷을 입고 있는가?'라는 질문과 더불어 '어떤 옷으로 갈아입어야 하며, 그럴려면 어떻게 해야 하는가?'라는 질문이 필요하다. 이 옷을 지키기 위해서는 두 가지를 항상 붙들고 있어야 하는데, 하나님의 말씀과 어린양의 피다. 이것은 신앙의 두 기둥과 같은 것이다.

창세기를 시작하면서 '아담아, 네가 어디에 있느냐?' 라고 질문하신 하나님은, 이제 마지막 계시록에서 '너는 지금 무슨 옷을 입고 있느냐?'라고 물으시고 있다. 두 질문은 같은 의미를 갖고 있다고 본다. 주의 재림이 가까워지는 이 때에, 자신의 모습을 분별케 하고, 그에 따른 심판과 결말을 알게 하는 이 예언의 말씀을 읽고, 듣고, 지키는 자는 복된 자이다. 계시록에서 중요한 것 세 가지를 꼽으라면 심판과 새 예루살렘 성 그리고 지켜야 할 것들이라고 말할 수 있다. 계시록에는 우리가 승리할 수 있도록 지켜야 할 것들을 기록해 주셨다. 그렇다고 계시록에만 있는 것은 아니다. 성경에 나오는 중요한 신앙적 덕목을 마지막 책에 다시 묶어 주신 것이다. 계시록 말미에 예수께서 "내가 진실로 속히 오리라"고 말씀하시자, 요한은 "아멘, 주 예수여 오시옵소서"라고 화답한다. 이러한 고백은 오직 주의 재림을 간절히 고대하며 그에 합당한 삶을 살고 있는 자만이 할 수 있는 고백이다. 이러한 고백과 삶이야

말로 주께서 이 예언의 말씀을 우리에게 주신 목적이 될 것이다.

> "이 예언의 말씀을 읽는 자와 듣는 자와 그 가운데에 기록한 것을 지키는 자는 복이 있나니 때가 가까움이라"(계 1:3)

> "보라 내가 속히 오리니 이 두루마리의 예언의 말씀을 지키는 자는 복이 있으리라 하더라"(계 22:7)

# 제2부

제7장

# 어린양의 일곱 번의 피

계시록은 전체가 붉은 색감을 띠고 있다. 사도 요한은 십자가의 좁은 길목에서 고난의 피를 흘리고 있고, 온 세상은 환난의 피에 덮여 있다. 적그리스도의 손에는 박해의 피가 있고, 죄악으로 흘리는 피 위에 심판의 피가 덮쳐진다. 음행의 포도주는 붉고, 이에 대한 진노의 포도주는 검붉다. 인간의 범죄로 인해 시작된 비극이며, 가장 참혹한 상황에 놓여 있다. 계시록은 피로 얼룩진 붉은 책이다. 그런데 이 붉은색을 뒤따라가며 새하얗게 지우는 피가 있다. 세상 죄를 지고 가신 어린양의 피다. 그리스도의 심장으로부터 흘려보내는 성결한 피다. 계시록에는 어린양의 피가 일곱 번에 걸쳐 교회 위에 부어진다. 흠도, 점도 없는 거룩하고 신성한 피가 일곱 번 부어진 각각의 의미와 그 피의 소중함을 살펴보고자 한다.

## 1. 중생의 피

> "우리를 사랑하사 그의 피로 우리 죄에서 우리를 해방하시고 그의 아버지 하나님을 위하여 우리를 나라와 제사장으로 삼으신 그에게 영광과 능력이 세세토록 있기를 원하노라 아멘"(계 1:5-6)

사도 요한은 문안 인사를 하자마자 어린양의 피의 공로를 찬양하며 영광을 올리는 것으로 계시의 문을 열었다. 시작부터 어린양의 피를 흘려보내고 있다. 그 피가 믿음 안에 뿌려지면 죄에서 해방되고 의롭다 칭함을 받고, 하나님의 자녀로 다시 태어나게 되는 놀랍고도 신비로운 능력의 피다. 이를 위해 예수께서는 기꺼이 십자 형틀 위로 오르셨고, 고난을 받으셨다. 그 피는 하나님의 공의를 사랑으로 바꾸고 죄많은 우리를 흑암의 권세에서 건져내어 사랑하시는 아들의 나라로 옮겨준다. 어린양의 피는 우리로 하여금 영원한 생명을 얻게 하는 중생의 피이다. 그래서 십자가는 우리의 찬양의 주제요, 영원한 노래가 되었다.

## 2. 신분의 피

> "일찍이 죽임을 당하사 각 족속과 방언과 백성과 나라 가운데에서 사람들을 피로 사서 하나님께 드리시고 그들로 우리 하나님 앞에서 나라와 제사장들을 삼으셨으니 그들이 땅에서 왕 노릇 하리로다 하더라"(계 5:9-10)

천상에 있는 네 생물과 이십사 장로들이 새 노래를 부르는 장면이다. 그들이 찬양하는 새 노래 속에 또 한 번의 피가 떨어진다. 어린양의 두 번째 피다. 그 피는 사람들을 죄에서 해방시켜 준 것뿐만 아니라, 거룩하신 하나님을 가까이 섬길 수 있는 제사장이 되게 했다고 찬양하고 있다. 낮고 천한 자들을 놀라운 신분과 높은 지위에 올려놓는 권세 있는 피를 노래하고 있는 것이다. 그래서 신분의 피라고 표현해 보았다. 더구나 왕 같은 제사장직은 신약

시대뿐만 아니라, 주의 재림 후 시작될 그리스도의 나라까지 이어지는 복된 신분이다. 이것이 어린양의 피의 능력이다. 십자가에서 흘리신 어린양의 피가 우리의 영광이 된 것이다. 약속하신 대로 어린양의 피로 거룩해진 자들은 그날 그리스도의 제사장이 되어 그리스도와 함께 왕 노릇 하게 될 것이다.[1] 이 놀라운 신분이 주어지는 어린양의 피가 온 세상에 뿌려지도록 성도들의 기도는 계속해서 하늘로 올라간다. 어린양의 피와 기도의 향은 함께 어우러져, 구속의 완성을 가져오게 될 것이다.[2]

## 3. 사죄의 피

> "그들의 진노의 큰 날이 이르렀으니 누가 능히 서리요 하더라"(계 6:17)

이 말은 누군가의 음성을 통해 들린 말이다. 어린양의 진노가 내려지는 큰 날에, "그들 중 아무도 보좌에 앉으

1) 계 20:6
2) 계 5:8-10

신 하나님과 어린양 앞에 설 자가 없다"고 단언하고 있다. 그런데 이와 대조적으로, 7장에는 보좌 앞과 어린양 앞에 서서 구원해 주신 은혜를 큰 소리로 외치며 영광을 돌리고 있는 자들이 있다.

> "큰 무리가 나와 흰 옷을 입고 손에 종려 가지를 들고 보좌 앞과 어린 양 앞에 서서 … 이는 큰 환난에서 나오는 자들인데 어린 양의 피에 그 옷을 씻어 희게 하였느니라"(계 7:9-14)

그들 중에는 그 누구도 보좌 앞에 설 자가 없었으나, 그 앞에 설 수 있는 자들이 있었는데, 그 이유는, 어린양의 피에 있었다. 어린양의 피로 자기 죄를 가린 자는 어린양의 진노를 피하고 어린양 앞에 설 수 있게 된 것이다. 어린양의 피가 얼마나 귀한 것인지를 알게 한다.

여기서 어린양의 세 번째 피가 떨어졌다. 그 피는 중생 이후, 회개하지 아니한 죄를 씻어 주시는 사죄의 피다. 큰 환난에서 나오는 자들은 불신자가 아니다. 하나님께서 중생할 때 주신 흰옷을 입고 있었으나 중생한 이후 지은 죄를 회개하지 않아서 옷이 더러워진 상태가 된 것이다.

그러다가 환난 중에 깨닫고 더러워진 옷을 씻은 것이다. 이처럼, 환난은 우리를 어린양의 피로 인도해 준다. 자신의 더러움을 보게 하는 거울 역할을 하여 물두멍 앞에 우리를 멈추게 한다. 우리의 의로도 들어갈 수 없는 성소를 어찌 더러운 옷을 입고 하나님 앞에 설 수 있겠는가? 어린양의 피가 떨어지는 십자가 아래로 지나지 않고는 결코 불가능한 일이다. 더군다나 더러운 옷마저 빼앗긴 벌거벗은 자들에게는 그날 어떤 일이 일어나겠는가? 예수께서 벌거벗은 라오디게아 교회를 향해 "흰옷을 사서 입으라"고 말씀하셨다. 벌거벗은 아담에게 피 흘린 양의 가죽옷을 입혀 주셨듯이, 주님은 죄로 말미암아 벌거벗은 우리에게 영광의 옷을 입혀 주시려고 만인 앞에서 벌거벗겨졌다. 주의 이름을 부르는 자마다 부끄러움을 당하지 않도록 하기 위함이다. 그날이 나에게 어린양의 진노의 날이 될 것인가? 아니면, 그날이 나에게 어린양을 노래하는 날이 될 것인가? 오직 어린양의 피에 달려 있다. 휘장을 열고 하나님 품 안으로 들어가게 하는 유일한 것이며, 사랑으로 감싸진 거룩한 피이다. 그 사랑의 결정체 안에 있는 자는, 그 사랑을 영원히 감사하며 찬양하게 될 것이다. 구원의 완성은 죄 사함을 얻게 하는 예수그리스도의 피에 있다.

## 4. 회복의 피

11장에는 소돔과 애굽처럼 타락한 큰 성이 나온다. 하나님께서 그곳으로 선지자인 두 증인을 보내신다. 회개를 상징하는 굵은 베옷을 입히시고 예언하게 하셨다. 여느 선지자들처럼 죄를 책망하고 심판을 경고하며 회개를 촉구하는 메시지였을 것이다. 속히 하나님 앞으로 돌아오도록 외치게 하신 것이다. 어린양의 네 번째 피는 "주께서 십자가에 못박히셨다"(계 11:8)는 말씀으로 떨어뜨리셨다. 십자가에 못 박히셨던 곳이 타락하자 증인들을 통해 십자가에서 떨어지는 사랑의 핏소리를 다시 들려주신 것이다. 감사하게도, 그 성안의 남은 자들이 하나님을 두려워하여 영광을 하늘의 하나님께 돌리게 되는 일이 일어났다.[3] 살아 계신 하나님 앞에서, 행해지는 음행과 우상숭배는 하나님의 아들을 밟고 자기를 거룩하게 하신 언약의 피를 더럽히는 죄다. 이스라엘을 멸망케 한 치명적인 큰 죄다. 그러나 하나님을 버리고 다시 세상과 짝하여 하나님의 원수가 되었다 할지라도, 놀라운 변화와 회복을 가능케 하는 것이 어린양의 피다. 자기 숭배에 깊이 빠졌던 자들을 심

3) 계 11:13

령으로부터 변화시켜 다시 하나님을 경외하며 하나님을 영화롭게 하는 삶으로 바꿔놓았다. 이것은 새롭게 회복시키는 어린양의 피의 능력이다. 그 피를 힘입는 자들은 하나님의 진실하고도 신실한 종으로 탈바꿈하게 된다.

> "흠 없는 자기를 하나님께 드린 그리스도의 피가 어찌 너희 양심을 죽은 행실에서 깨끗하게 하고 살아 계신 하나님을 섬기게 하지 못하겠느냐"(히 9:14)

## 5. 승리의 피

마귀는 12장부터 감추었던 발톱을 드러내며 등판한다. 위세 등등하게 나타나 교회를 향해 미혹과 참소와 박해의 날을 휘두른다. 그러나 이에 대항하여, 마귀와 싸워 이기는 자들이 있다. 이들은 보혈의 능력을 믿고, 어린양의 피를 절대적으로 의지하는 자들이다.

> "우리 형제들이 어린 양의 피와 자기들이 증언하는 말씀으로써 그를 이겼으니 그들은 죽기까지 자기들의 생명을 아끼지 아니하였도다"(계 12:11)

계시록에서 다섯 번째로 떨어진 어린양의 피는 마귀를 이기는 승리의 피다. 생명은 피에 있다고 말씀하셨다. 그래서 십자가에서 흘리신 거룩하고 신성한 피 안에는 예수 그리스도의 생명이 충만하게 담겨 있는 능력의 피다. 우리가 예수 생명의 피를 외칠 때, 원수가 두려워하며 떠나게 되는 이유이다. 더구나 십자가의 피를 통해 죄와 저주를 끊어 내고 마귀를 이기셨으니 그 피를 믿고 의지하는 자는 그리스도 안에서 이기는 자가 될 것이다. 이처럼, 영적 승리의 원천적인 힘을 어린양의 피로부터 공급하신다. 원수는 성도들로 하여금 죄를 짓게 하고 그 틈을 타 우리를 억압하고 조종하려고 하지만 어린양의 피로 죄를 씻어 내면 원수는 그 시로 쫓겨난다. 우리를 위한 십자가의 피는 오늘도 흐르며, 죄를 고백하는 자에게 역사하여 자유와 승리의 길로 인도하신다.

## 6. 부활의 피

우리에게 최후의 승리를 주시는 승리하신 예수그리스도는 곧 오신다. 나팔 소리와 함께 하늘이 열리고 큰 권세와 영광으로 나타나실 것이다. 그때 예수께서 입으신 옷을 보게 될 텐데, 그 옷 위에는 피가 뿌려져 있다.

> "그가 피 뿌린 옷을 입었는데"(계 19:13)

이 피는 대속의 제물이 되어, 하늘 제단에 뿌려졌던 어린양의 피다. 주의 재림을 환영하며 바라보는 교회들에게, 바로 그 어린양임을 나타내시는 장면이다. 그리고 그 피를 힘입은 성도들에게 영광스러운 부활을 주시기 위해 다시 오시는 것이다. 계시록에서 여섯 번째로 떨어진 어린양의 피는 부활을 위해 뿌려진 피다. 주께서 재림하실 때 어린양의 피가 떨어진 이 땅 위로 그리스도의 나라가 임하게 되고 만왕의 왕이신 그분과 함께, 새 나라에서 새 역사를 시작하게 된다. 아래 구절은 피 뿌린 옷을 입고 재림하시는 주님의 뒤를 따라 부활한 성도들이 내려오는 모습이다.

> "하늘에 있는 군대들이 희고 깨끗한 세마포 옷을 입고
> 백마를 타고 그를 따르더라"(계 19:14)

1장에서 떨어뜨린 어린양의 피는, 22장 하늘 생명수 강에 이르기까지, 쉼 없이 흐르고 있다. 영생과 부활의

피 뿌림을 입은 자들은 변함없는 하나님의 크신 사랑 안으로 들어가게 될 것이다. 그날, 예수께서 우리의 목자가 되사 우리를 생명수 샘으로 인도하시고, 우리의 눈에서 모든 눈물을 씻어 주실 것이다. 세상에 있는 음행의 포도주를 마셔, 하나님의 진노의 잔을 들어야만 했던 우리에게 최상의 은혜를 베푸신 것이다. 이 신적 교환을 위해, 진노의 쓴잔을 마다하지 않으셨고, 목이 마르나, 우리의 갈증을 영원히 해소시켜 주시기 위해 포도주를 거부하셨다. 이로 인해, 우리 안에서 영생하도록 솟아나는 샘물이 터진 것이다. "누구든지 목마르거든 내게로 오라 영원히 목마르지 않는 생명수를 값없이 마시라" 말씀하셨다. 이로 보건대 그 생명수는 어린양의 피 값이다.

## 7. 성화의 피

> "자기 두루마기를 빠는 자들은 복이 있으니 이는 그들이 생명나무에 나아가며 문들을 통하여 성에 들어갈 권세를 받으려 함이로다"(계 22:14)

예수께서 사랑하시는 교회들이 입고 있는 영의 옷을

깨끗하게 간수하기를 원하시면서, 마지막으로 당부하신 말씀 가운데, 일곱 번째 귀한 주님의 피를 교회 위에 부으시고 있다.

계시록은 옷을 희게 하는 회개의 유형을 두 가지로 구분해서 말씀하고 있다.

하나는, 어느 시점에서 깨닫고 회개하는 경우이다.

> "이는 큰 환난에서 나오는 자들인데 어린 양의 피에 그 옷을 씻어 희게 하였느니라"(계 7:14)

이 구절에 나오는 "씻어"는 헬라어 '씻다'의 뜻을 가진 '플뤼노'의 부정과거형이다. 어느 시점에서 한 번 회개했다는 뜻이다. 평소에는 회개의 중요성을 모르고 더러워진 옷을 입은 채로 살다가 어느 한 시점에서 깨닫고 그동안 쌓였던 수많은 죄들을 토해 내는 자이다. 그것도 감사할 일이지만, 그리스도를 본받는 삶은 없다.

또 하나는, 늘 회개하는 경우이다.

22장 14절에 나오는 "빠는"이라고 번역된 단어도 7장 14절에 나오는 "씻어"라는 단어와 원어가 같은 '플뤄노' 이다. 그런데 시제가 다르다. 여기서는 현재분사로 쓰였다. 지속적으로 죄를 씻는다는 뜻이다. 날마다 어린양의 피를 힘입어 죄를 회개하며 돌이키는 경우이다. 이렇게 하는 자는 자연스럽게 주님을 닮아 가는 성화의 길을 걷게 될 것이다. 예수께서 기도를 가르치실 때, 일용할 양식처럼 매일 기도해야 할 것을 일러 주셨는데, 그중에서 용서받는 기도가 있다. 우리가 지은 죄를 매일 회개해야 하는 이유는 우리를 통해 하나님의 나라(통치)가 임하고 하나님의 뜻을 이루어 하나님의 이름이 거룩히 여김을 받는 일에 죄가 가로막는 일이 없어야 하기 때문이다. 또한 죄가 행위록에 기록되어 그날 그 행위대로 심판을 받는 일이 없도록 하기 위해서다. 죄의 결과로 보응이 오나 회개는 그 행위를 온전케 하고 그 피는 그 행위의 발자취를 지운다.

그날, 위엄 있는 그리스도의 손에는 키가 들려져 있고, 타작마당을 깨끗하게 소제하신 후, 참되고 의로운 심판을 행하실 것이다. 어린양의 피로 회개와 회개의 합당한 열매를 맺으며 알곡 된 자는 곳간에 들이시고, 어린양의 피를 일회용으로 취급한 자는, 속이 빈 쭉정이가 되어 불 속에 들어가게 될 것이다. 주님은 우리가 알곡이 되도록, 어린양의 피가 떨어진 우리 안에 거룩한 불과 성령을 내리신다.[4] 거룩한 영은 그 피로 거룩해진 곳에 임하신다. 우리에게 쏟으신 피는 거룩한 영을 우리에게 부어 주시기 위함이다. 그러므로 성령께서 우리 안에 거하시는 것은 어린양의 피 값으로 된 것이다. 구속하신 은혜를 감사하며 날마다 어린양의 피와 함께 천성길을 걸어간다면, 그만큼 어린양을 기쁨으로 맞이하며 영광 가운데 서게 될 것이다. 예수그리스도의 피는 우리에게 주신 것 중 가장 소중한 것이다. 그 피가 복음이며 성경은 그 피를 풀어 설명한 책이다. 주님은 계시록 안에 어린양의 피를 일곱 번 떨어뜨리시며 교회를 향한 영원한 사랑을 수놓으셨다. 오늘도 주님이 흘리신 사랑은 우리의 심령과 교회 위에 부어지고 있다.

계시록은 어린양의 피가 중심이 된다.

예수께서는 소아시아 교회들에게 보내신 서신을 통해

4) 마 3:8–12

교회의 숨겨진 죄를 드러내시며, 경고와 함께, 돌이킬 것을 명하셨다. 일곱 서신 중에서 가장 많이 나오는 단어는 회개이다. 여덟 번 나온다. 일곱을 넘어 한 번 더 강조하셨다. 어린양의 피에 자신의 두루마기를 빨 것을 말씀하신 것이다. 히브리인의 수 개념에서 8은 새로운 시작을 의미한다. 돌이켜 나와 함께 다시 시작하자는 주님의 뜻이 담겨 있다고 본다.

재림 전 일어나는 환난은 교회들로 하여금 연단 가운데 어린양의 피를 더욱 의지하여 정결하게 하신다.[5] 하나님을 떠나 세상 속으로 타락한 자들은 환난을 겪으면서 그 피로 씻어 다시 돌아오게 된다.

인류 역사의 종결은 어린양의 피를 기준으로 막을 내린다. 구속의 역사는 어린양의 피로 완성된다. 유다 지파의 사자 다윗의 뿌리가 십자가를 통해 이기셨으니 구원자와 심판자가 되셨고 정한 종말에 일어날 구원과 심판이 기록된 두루마리의 인봉을 떼셨으며 또한 그것을 실현하신다.

---

5) 단 12:10

그리스도의 나라는 어린양의 피로 세워진다. 그 피로 우리를 사서 나라와 제사장으로 삼으셨다. 어린양의 피로 거룩하게 된 제사장은 그 땅을 다스리며 살 것이다. 그리고 그 나라를 위해 만물을 새롭게 회복할 수 있는 것도 죄와 저주의 땅에 뿌려진 어린양의 피에 있다.

새 예루살렘 성은 어린양의 피로 완성된다. 새 예루살렘 성에 들어갈 어린양의 신부는 어린양의 피를 힘입어 성화되고 그 성처럼 아름답게 단장되기 때문이다.

이처럼, 계시록에는 어린양의 피가 가득하다. 마치 사도 요한의 손에 어린양의 심장이 쥐어져 있는 것처럼, 떨어지는 그 피로 글을 써 내려갔다. 죄로 얼룩진 피를 지우며 써 내려갔다. 어린양의 피는 계시록의 시작과 끝이다. 성경 전체의 처음과 나중이며, 피조 세계의 알파와 오메가이다.

제8장

# 어린양의 신부

"일곱 대접을 가지고 마지막 일곱 재앙을 담은 일곱 천사 중 하나가 나아와서 내게 말하여 이르되 이리 오라 내가 신부 곧 어린 양의 아내를 네게 보이리라 하고 성령으로 나를 데리고 크고 높은 산으로 올라가 하나님께로부터 하늘에서 내려오는 거룩한 성 예루살렘을 보이니"(계 21:9-10)

계시록의 최종적 목적은 어린양의 신부에 있다. 이것은 숨겨진 비밀이다. 하나님 아버지의 숨은 계획 속에 있는 이야기다. 창세기부터 계시록까지 성도들에게 약속하신 것 중에서 가장 큰 복이 있다면, 그것은 무엇일까? 그것을 알게 된다면, 우리는 모든 것을 다 팔아 살 것이다. 놀랍게도, 그것을 성경 마지막 장에서 보게 된다. 예수그리스도의 얼굴을 보며 가까이에서 그분을 섬기는 자들의 모습이 잠깐이지만 살짝 비쳤다. 이들은 누구인가? 누구이길래 그 자리에 있는가? 사랑하는 주님의 얼굴을 내 눈으로 본다는 것, 그리고 그 얼굴을 매일 바라보며 사는 것은 우리 모두의 궁극적인 소망이다.

신앙의 종착지는 21장과 22장에 나오는 새 예루살렘 성이다. 그 종착점을 향한 시작점은 계시록 3장 20절과 21절로 본다. 첫사랑의 문을 다시 열게 하고 소망을 품고 달려가게 하는 이 구절을 다음과 같이 표현해 보았다.

"비록 첫사랑을 잃어버렸다 할지라도, 내 음성을 듣고 내 식탁에 앉아 진리의 말씀을 나와 더불어 먹으며, 친밀한 교제를 이어 간다면, 나는 무엇보다도 그것을 기뻐할 것이며, 네 안에서 나의 행복을 보게 될 것이다. 아름답고 빛난 흰옷을 네게 입혀 주고 나와 함께 다닐 것이다. 신실한 종으로서 나를 따른다면, 이긴 자로서, 일곱 교회에 약속한 것을 나와 더불어 영원히 누리게 될 것이다.

네 마음의 문을 열고, 네 중심에 나를 정중하게 재영접하라. 나를 환영하라. 너와 함께 마음을 나누는 것은, 나의 기쁨이다."

만약, 예수께서 떼어 주신 사랑과 진리의 말씀으로, 거룩하고 아름답게 단장된 신부의 모습이 주님 눈에 비쳐진다면, 얼마나 사랑스러울까? 주님은 마음에서 흘러나오는 사랑의 세레나데를 부르지 않을까? 우리도 감격에 찬 새 노래가 절로 나올 것이다.

> 사랑아, 네가 어찌 그리 아름다운지 어찌 그리 화창한지 즐겁게 하는구나.
> 내 사랑, 너는 어여쁘고도 어여쁘다.
> 내 신부야, 네가 내 마음을 빼앗았구나.
> 내가 내 사랑을 네게 주리라.
> (아가서)

천사가 요한에게 '어린양의 신부를 보여주리라' 하더니 새 예루살렘 성을 보여 준 것은 어린양의 신부가 단장한 모습을 새 예루살렘 성의 아름다움으로 표현했기 때문이다. 주님은 우리에게 영생을 주셨고, 또 천국을 허락하셨다. 그런데 그것으로 끝나지 않고, 우리를 신부로 부르셨다. "나의 사랑, 나의 어어쁜 신부야"라고 고백해 주셨다. 창조주가 피조물인 우리에게 프로포즈하신 것이다. 만물의 조성자가 보잘것없고 초라한 우리를 신부로 삼아주신 그 영광을 무엇으로 다 설명할 수 있을까? 주님을 사랑하는 교회는 그날 이루어질 놀라운 꿈을 그려 보며, 주님을 흠모하고 따를 것이다. 주님은 우리의 생명이며, 영광이기에, 마지막 호흡을 하는 순간까지 그리스도와 함께, 그리스도의 뜻을 따라, 그리스도를 위하여 살아간다. 어린양 예수그리스도와 약혼한 성도들이 진리로 거룩하게, 십자가의 피로 깨끗하게 산다면, 예복 입은 순결한 어린양의 신부로서 혼인 잔치에 참여하게 되리라.

> "우리가 즐거워하고 크게 기뻐하며 그에게 영광을 돌리세 어린 양의 혼인 기약이 이르렀고 그의 아내가 자신을 준비하였으므로 그에게 빛나고 깨끗한 세마포 옷을 입도록 허락하셨으니 이 세마포 옷은 성도들의 옳은 행실이로다 하더라 "(계 19:7-8)

계시록은 어린양의 신부를 부르는 초대장이다.

새 예루살렘 성 안에서 눈에 띈 자들이 있다. 사랑하는 주님의 얼굴을 마주 대하며 섬기는 자들이다. 주의 나라에서, 주의 영광을 안고, 주와 함께 영원히 지배하는 자들이다. 이들은 과연 누구인가? 예수께서는 이들이 누구인지 알 수 있도록 두 가지 남겨 두신 것이 있다. 하나는 하나님의 종이라는 호칭과 또 하나는 이마에 하나님(어린양)의 이름이 있는 표식이다.

> "다시 저주가 없으며 하나님과 그 어린 양의 보좌가 그 가운데에 있으리니 그의 종들이 그를 섬기며 그의 얼굴을 볼 터이요 그의 이름도 그들의 이마에 있으리라 다시 밤이 없겠고 등불과 햇빛이 쓸 데 없으니 이는 주 하나님이 그들에게 비치심이라 그들이 세세토록 왕 노릇 하리로다"(계 22:3-5)

새 예루살렘 성 안에서 본 이들이 하늘에 있는 시온 산에서도 보였다.[1)]

시온 산에 어린양과 함께 서 있는 자들의 이마에 하나님과 어린양의 이름이 있는 것으로 알 수 있다. 땅에 있을

---

1) 계 14:1-5

때 이들의 신앙은 자신을 세상에 의해 더럽히지 않았고 순결을 지킨 자들이다. 어린양이 어디로 인도하시든지 늘 따르던 자들이다. 그곳이 어디든지 상관하지 않고 어린양이 이끄시는 대로 동행한 자들이다. 또한 성별하여 하나님께 드린 처음 익은 열매처럼, 하나님과 어린양에게 속한 자들이다. 그 입에는 거짓말이 없었고 진실하였다. 그리고 어린양의 피로 씻어 흠이 없는 자들이다.

이들을 빌라델비아 교회에서도 보게 된다.[2)]

예수께서 지금의 신앙을 끝까지 지켜 이긴다면, 천상에서 하나님의 이름과 새 예루살렘 성의 이름과 어린양의 새 이름을 이들에게 기록해 주시겠다고 약속하신 교회이다. 이들의 신앙은 작은 능력에도 주를 배반하지 않았고 믿음을 지킨 자들이다. 주께로부터 사랑의 증표를 받을 만큼 주님을 기쁘시게 하고 사랑한 자들이다. 그리고 그리스도의 말씀을 인내로 지켜, 온 세상에 임하는 시험의 때에 지켜 주시겠다고 약속해 주신 자들이다. 실제로, 환난 중에서 보호를 받는 대상이 있는데, 이들 모두는 환난이 일어나기 전 그 환난으로부터 보호받기 위해 하나님

---

2) 계 3:7–13
3) 계 7:1–3; 9:4

의 인을 맞은 자들이다.[3] 이를 통해, 빌라델비아 교회가 하나님의 인을 맞은 자들인 것을 알 수 있다.

그러면, 하나님의 종이라고 칭함을 받는 사람은 어떤 사람인가?

"하나님의 종들 곧 그를 경외하는 너희들아"(계 19:5)라는 말씀을 통해 알수 있듯이 하나님의 종들은 하나님을 경외하는 자들이다. 하나님을 두려워하며 순종하는 자들이 하나님의 종이라는 호칭을 받게 된다는 말씀이다. 또한 두루마리의 말씀을 지키는 자를 하나님의 종이라고 말씀하셨다.[4] 그래서 이 예언의 말씀을 지키는 자가 복이 있다고 두 번 강조하셨다. 이로 보건대, 계시록은 새 예루살렘 성 안에서 보았던, 이마에 어린양의 이름이 있는 하나님의 종들이 어떤 사람인지, 이들의 신앙에 초점을 맞추어 설명하고 있음을 알게 된다.

그렇다면, 과연 이들은 누구인가? 새 예루살렘 성 안에서 주님 가까이 살며, 주님과 함께, 아름답고 거룩한 성을 주의 뜻을 따라 다스리며 영생하는 자는 누구란 말인가?

---

4) 계 22:9

그 답은 21장에서 찾게 된다. 거기에는 새 예루살렘 성을 어린양의 신부로 비유하고 있다.[5] 이것은 새 예루살렘 성에 사는 자가 어린양의 신부라는 뜻이다. 그렇다면 새 예루살렘 성 안에서 본 이마에 어린양의 이름이 있는 하나님의 종들이 어린양의 신부라는 결론이 나온다. 그렇다고 어린양의 신부만 그 성에서 사는 것은 아니다. 지배자가 있으려면 피지배자도 있어야 하기 때문이다. 어린양의 신부에 대해 좀 더 살펴보면, 7장에서 이마에 하나님의 인이 있고 하나님의 종이라고 불리는 자들의 수가 나오는데, 이스라엘 12지파에서 각각 12,000씩, 전체수가 144,000이다.[6] 그런데 어린양의 신부에 비유된 새 예루살렘 성도 같은 숫자를 사용하셨다. 새 예루살렘 성 길이와 너비와 높이를 나타내는 숫자가 동일하게 12,000이고, 성곽의 높이를 나타내는 숫자가 144이다.[7] 이것은 무엇을 말해 주고 있는가? 144,000이라는 수는 새 예루살렘 성에 들어가는 어린양의 신부의 수를 가리키고 있는 것이다. 물론, 이 수는 상징적인 수일 것이다. 그렇다면 "이스라엘 민족만 어린양의 신부가 될 수 있는가?" 하는 의문

---

5) 계 21:2,9–10
6) 계 7:2–8
7) 계 21:16–17

이 생긴다. 그렇지 않다. 일곱 천사가 나팔을 불기 전에 이스라엘 자손의 이마에 하나님의 인을 치는 이유를 보면 앞으로 일어날 환난으로부터 이들을 보호해 주시기 위해서다.[8] 그런데 예수께서 이방인 그리스도인으로 구성된 빌라델비아 교회에도 온 세상에 임하는 환난으로부터 지켜 주시겠다고 약속하셨다.[9] 이로 보건대 144,000은 혈통적 이스라엘과 영적 이스라엘 모두를 포함하고 있다고 봐야 할 것이다. 12지파 중 유다의 이름이 제일 먼저 나오는 것도 이런 이유 때문이다. 또한 어린양의 신부에 비유된 새 예루살렘 성의 성곽에 있는 열두 문에는 12지파의 이름이 있고, 그 성곽 열두 기초석에는 12사도의 이름이 있는 것으로 보아, 시대와 민족을 초월하여 그리스도 안에 있는 모든 하나님의 백성들 중에서 144,000이 어린양의 신부가 된다는 말씀이다.

우리는 그동안 144,000이 누구인지, 그 답을 찾기 위해 많은 관심을 가지고 연구했었다. 그런데 예수께서는 초점을 달리하셨다. 그들이 누구인지를 아는 것보다 그

8) 계 7:1-3; 8:7-11; 9:4
9) 계 3:10

들이 어떤 사람인지, 그들의 신앙이 어떠한지를 강조하시면서 보여 주셨다. '그들의 정체는 그들의 신앙으로 답을 주고 있는 것이 아닌가' 하는 생각이 든다. 이 예언의 말씀을 지키는 자는 복이 있다고 말씀하셨는데, 우리가 지켜야 할 말씀이란, 예수께서 칭찬하신, 그들의 신앙의 길을 따라가는 것이라고 해도 틀린 말은 아닐 것이다. 예수께서는 요한복음을 통해 스스로를 하나님의 인을 맞은 자라고 말씀하셨다.[10] 또한 하나님의 종이시다.[11] 이것은 예수그리스도께서 어린양 신부의 표상이 되신다는 의미이다. 그러므로 예수께서 교회들에게 "나를 따르라"고 말씀하신 것은 결국 나를 따라와 나의 신부가 되어 달라는 말씀이었다. 계시록도 어린양 예수께서 어린양의 신부를 부르는 초대장이다. 이 두루마리의 말씀을 지켜 하나님의 종이요, 어린양의 신부가 되도록 부르시고 있다.[12] 또한 신부 된 자는 끝까지 신부로 남도록 권면하고 있다.[13] 사도 바울은 정결한 그리스도의 신부들이 진실함과 깨끗함에서 떠나 부패할까 봐 두려워했었다.[14] 그리고 신부

10) 요 6:27
11) 행 4:27
12) 계 22:7-9
13) 계 3:11

된 자는 신부 중의 신부가 되도록 소망과 열정을 주시고 있다.[15] 버가모 교회에 보낸 서신에는, 이기는 자에게 감추인 만나를 주고 새 이름이 적힌 흰 돌을 주시겠다는 약속이 있다. 흰 돌은 그 당시 연회 초대장으로도 사용되었다. 어린양 예수께서 어린양의 신부를 위해 지어 주신 새 이름을 흰 돌 위에 써 주시며 혼인 잔치에 초대해 주시겠다는 말씀이다. 어린양의 신부는 감추인 만나이다.

14) 고후 11:2-4

15) 계 3:21; 아 6:8-9

## 제9장

# 언약의 나라

"일곱째 천사가 소리 내는 날 그의 나팔을 불려고 할 때에 하나님이 그의 종 선지자들에게 전하신 복음과 같이 하나님의 그 비밀이 이루어지리라 하더라"(계 10:7)

"일곱째 천사가 나팔을 불매 하늘에 큰 음성들이 나서 이르되 세상 나라가 우리 주와 그의 그리스도의 나라가 되어 그가 세세토록 왕 노릇 하시리로다"(계 11:15)

고난과 박해 가운데, 주의 구원을 간절히 바라며 이

시대를 살아가는 성도들에게, 어둠이 물러가고 빛이 비치는 새벽 별이 뜬다는 것은 얼마나 큰 기쁨인가? 주의 재림은 어둠을 물리치고 빛의 세계로 들어가는 복음 중의 복음이다. 초림을 위해 구약 교회가 진통을 했고, 재림을 위해 신약 교회가 진통한다. 이기는 자는 "새벽 별을 주리라" 말씀하셨듯이, 광명한 새벽 별이 통치하는 나라, 빛의 나라에 서게 되리라. 이것은 오래전부터 하나님의 백성에게 언약으로 약속된 일이다. 빛의 근원 되신 그리스도의 등장으로 세워질 영광의 나라이다. 예루살렘의 온전한 회복이요, 모든 믿음의 사람들이 사모하는 소망의 나라이다. 세상 나라가 그리스도의 나라가 되기까지 진통은 있지만, 마침내 해산되어 이 땅에 세워질 것이다.

세상이 바벨론인지
교회가 바벨론인지
분간이 안 되는 시대를 지나고 있다
바벨론 강변에 앉은 자들이 시온을 기억하며 운다
사로잡은 자가 시온의 노래를 청하나
버드나무 꼭대기에 수금을 걸었나니
예루살렘아 내가 너를 잊을진대 내 오른손이 연주를 잊을지로다

여호야긴은 천하고 깨진 그릇일지라도
고개를 들게 하신다
옥문이 열리고 수염을 깎은 얼굴로 그가 나온다
주의 은총이 어려 있는 얼굴로 위를 바라본다
하늘빛이 깊이 패인 세월의 주름 위에 내려앉는다
그의 걸음은 예전과 다르다
옛 위엄이 조금씩 보인다
그가 상에 앉는다
모든 왕의 지위보다 높은 자리다
일평생 왕 앞에서 양식을 먹으며 살아간다[1)]
그 연수는 왕이 정한 수이다
이전 것이 기억 속에서 사라지고 새 빛 속에서 살
아가는 수이며
주의 사랑을 가늠할 수 없는 수이다
사람의 수가 아닌 사랑의 수이다

하나님의 빛은 새벽빛같이 어김이 없으시다
시온의 영광의 서막은 올라간다
어둠이 땅을 덮으며
만민을 가린 듯하나
주께서 임하실 것이며

그의 영광이 비치리라
거룩한 산성 위에 횃불이 놓일 때
예루살렘 성을 위하여 슬퍼한 자들은 그 성과 함께 기뻐하게 되리라

어린양과 함께 시온 산에 선다
버드나무 위에 걸었던 거문고를 켜며 새 노래를 부른다[2)]
요셉의 칠 년 환난이 잊히고
회상이 감격에 찬 울림이 되어 퍼진다
만민의 귀에 널리 울리어진다
사랑의 소리요 은총의 소리요
어린양의 피로부터 시작된, 하나님의 성에서 울려 퍼지는 소리다
잠시 빛이 가려졌으나 먹구름이 바람에 날려가니
그 빛난 광선이 외양간을 열었도다
말구유에서 시작된 빛이 자유로운 나라를 만들고야 말았다

---

1) 왕하 25:27-30
2) 계 14:1-3

그 빛은 언약의 빛이요
그 잉태는 언약의 잉태요
그 해산은 언약의 해산이라
약속의 나라, 그리스도의 왕국이로다
열방의 왕, 만유의 주
뛰어난 이름
예수는 광명한 새벽 별이라
그 영광은 약속대로 세워진 언약의 나라 위에 비춰
리라

오! 주여
당신의 교회를 기억하소서
사랑 안에서 완전하게 하소서
세계 사방으로부터 한데 모아
당신의 왕국을 이루게 하소서
권세와 영광이 영원히 당신께 있사옵나이다
이 세상은 끝이 나고 당신의 은혜가 임하게 하소서
마라나타
아멘

# 제10장
# 어린양의 진노

계시록에는 그리스도의 권세가 강하게 나타나고 있다. 다시 오실 주님은 구원의 완성과 심판을 통한 온 세상의 종결권을 가지고 오신다. 사복음서와는 너무나 다른 모습이다. 그럼에도, 계시록에서의 호칭은 계속 어린양으로 불린다. 왜 그럴까? 어린양의 피와 사랑 때문일 것이다. 어린양 예수는 하나님께서 우리를 위하여 대속물로 잡으신 하나님의 제물인 어린양이다. 그래서 어린양은 우리의 구원을 위해 흘리신 희생의 피와 우리를 향한 사랑을 생각나게 한다. 성경 마지막 책은 우리를 구속하신 어린양의 피를 다시 상기시켜 주며, 그 피에 담겨진 진실한 사랑을 잊지 말고 생명강 가에서 다시 만날 때까지 승리할 것을 권면하고 있다.

그렇다면, 6장 16절에 나오는 어린양의 진노는 무엇을 의미하는 것일까? 어린양과 진노는 서로 상반되는 단어이다. 어떻게 순한 양이, 그것도 어린양이 진노를 하겠는가? 그런데 그 단어 속에는 진리가 깊이 박혀 있다. 어린양의 진노는 이방인들이 모르는 용어이다. 이 말 속에는 어린양이 무엇을 상징하는지 아는 자들에게 주는 메시지를 갖고 있다. 유월절 어린양처럼 십자가에서 흘리신 그 피를 힘입어 구속함을 얻고 그 사랑을 받은 자들이 그리스도를 배반하고 떠난다면, 생명을 바쳐 은혜를 준 바로 그 어린양이 그들에게 진노할 것이라는 뜻이 내재되어 있다. 주님은 우리를 사랑하시되, 육신의 몸을 입고 오셔서 자신을 무고한 죽음으로까지 내몰며 흘리신 피로 우리를 향한 사랑을 고백하셨다. 우리를 위해 모든 것을 내어준, 깊고도 진실한 사랑을 버리고 그 앞에 우상을 세운다면 우리를 사랑한 만큼이나 질투가 일어나고 영영 돌아서지 않을 때는 진노로 이어지게 될 것이다. 성경은 이러한 자를 가리켜 음녀라고 칭한다. 왜냐하면 한 남편 그리스도를 버리고 다른 남자에게 간 것과 같기 때문이다.

> "남편 생전에 다른 남자에게 가면 음녀라"(롬 7:3)

이스라엘 백성도 하나님을 떠나 우상숭배하였을 때 하나님은 그들을 향해 "너 음녀야 여호와의 말씀을 들을지어다"(겔 16:35)라고 말씀하셨다. 야고보서에도 "간음한 여인들아 세상과 벗된 것이 하나님과 원수 됨을 알지 못하느냐"(약 4:4) 말씀하셨다. 그래서 성경에 나오는 음녀는 세상 사람을 가리키는 단어가 아니다. 왜냐하면 세상 사람들은 처음부터 마귀에 속한 자들이기 때문이다. 대부분 하나님의 사랑을 버리고 다시 세상을 사랑하여 마귀를 따라간 자를 가리킨다.

> "화 있을진저 여호와의 날을 사모하는 자여 너희가 어찌하여 여호와의 날을 사모하느냐 그 날은 어둠이요 빛이 아니라"(암 5:18)

이 말씀은 그날이 어떤 날인지도 모르며, 자신에게 어떤 일이 일어날지도 모르면서, 그날을 기다리고 있는 자들에게 반문하고 있는 것이다. 어린양은 초림의 이미지를, 어린양의 진노는 재림의 이미지를 부각시킨다. 초림 때의 모습을 생각하며 재림을 준비하는 자는 메시아를 오해한 유대인처럼, 심판하러 오시는 만왕의 왕을 잘못 알고 있는 것이다. 멸시와 억울한 죽음 앞에서도 털 깎는 자 앞에 양처럼 온유하셨던 주님이시다. 우리의 죄를 지고 말없이 가시던 어린양께서 진노를 발하신다는 것을 쉽게 받아들이지 못한다. 그래서 심판을 말하면, 이방인을 생각하는 것이 우리의 습관이 되어 버렸다. 재림 준비는 열두 제자처럼 '난 아니지요'가 아니라, '주님 저입니까'로 시작해야 할 것이다.

아래의 두 말을 유심히 읽어 보자.

> "구원하심이 보좌에 앉으신 우리 하나님과 어린 양에게 있도다"(계 7:10)

> "보좌에 앉으신 이의 얼굴에서와 그 어린 양의 진노에서 우리를 가리라"(계 6:16)

두 부류의 사람들이 한 말인데, 같은 단어를 사용하였지만 그들의 처지는 반대이다. 한쪽은 어린양을 향해 구원에 감사하는 감격의 목소리이고, 다른 한쪽은 어린양의 진노 앞에 두려워 떠는 목소리이다. 극명하게 대조되고 있다. 이 차이는 어디에 있을까? 한쪽은 환난 가운데 어린양의 사랑을 되찾고 어린양의 피로 씻은 자들이다. 다른 한쪽은 어린양의 사랑을 버리고 어린양의 피를 가볍게 여긴 자들이다. 어린양 예수께서 재림하시기 전까지 돌아오지 않은 자들이다. 예수께서는 장차 일어날 일들 중에서 이것을 가장 염려하시고 있다는 것을 계시록을 통해 발견하게 된다. 우리는 영원한 생명의 주가 되시는 어린양 예수그리스도를 결코 놓칠 수 없다. 그리스도의 진실한 사랑을 버려 주님께 사랑의 아픔을 준 자라 할지라도, 돌아와 마음의 문을 연다면 주께서 주시는 말씀을 먹으며 다시 사랑의 충성자가 될 것이다. 이미 이기신 예수그리스도를 뒤따라간다면, 승리의 빛으로 우리를 인도하셔서 그날 어린양의 진노가 아니라 어린양으로부터 구원과 함께 칭찬과 존귀와 영원한 영광을 얻게 될 것이다.

## 제11장

# 이긴 자의 복수

하늘이 열리고 강렬한 빛이 땅 위에 쏟아진다. 나팔소리가 울리며 백마 탄 자가 큰 영광으로 땅에 임하여 공의의 전쟁을 치른다. 불꽃같은 눈으로 보며 시야에 들어온 자들을 향해 내리 달리신다. 주석 같은 발로 포도주 틀을 밟아 버리니 피가 옷에 튀긴다. 입에서 나오는 예리한 검으로 치니 시체가 산더미처럼 쌓인다. 하나님의 큰 잔치에 초대된 공중의 새들은 그것을 쪼아먹는다. 철장 권세로 만국을 다스려 질그릇 깨뜨리듯 하니 상상을 초월하는 능력이 온 세상을 덮는다. 피 뿌려진 옷 위에 글자가 보인다. 만왕의 왕! 만주의 주! 예언하신 대로 오시고야 말았다.[1] 그런데 심판하시는 자의 뒤를 따라오는 자들이 보인다.[2] 이들은 누구인가? 재림 심판에 이들을 동행시킨 이유는 무엇일까? 거기에는 숨겨진 특별한 뜻이 있다.

예수께서 두아디라 교회의 이기는 자에게 약속하신 것이 있다.

> "이기는 자와 끝까지 내 일을 지키는 그에게 만국을 다스리는 권세를 주리니 그가 철장을 가지고 그들을 다스려 질그릇 깨뜨리는 것과 같이 하리라"(계 2:26-27)

이 말씀은 예수께서 재림 심판을 행하실 때, 이긴 자도 함께 동참하게 해 주시겠다는 말씀이다. 이 약속대로 이루어지는 장면은 19장에서 볼 수 있다.

> "하늘에 있는 군대들이 희고 깨끗한 세마포 옷을 입고 백마를 타고 그를 따르더라 그의 입에서 예리한 검이 나오니 그것으로 만국을 치겠고 친히 그들을 철장으로

---

1) 계 19:11-21

2) 계 19:14

다스리며 또 친히 하나님 곧 전능하신 이의 맹렬한 진노의 포도주 틀을 밟겠고"(계 19:14-15)

그런데 이기는 자에게 약속하신 말씀 가운데 '그들'을 깨뜨린다고 하셨는데, 그들은 누구인가? 물론 만국을 가리키고 있지만 이 말씀은 두아디라 교회에 하신 말씀이기에 '그들'에 해당되는 자들을 그 교회에서도 찾아본다면, 이세벨과 그의 추종자들이 될 것이다. 왜냐하면 그들은 하나님을 떠나 사탄에게 속하여 음행과 우상숭배를 일삼는 자들이기 때문이다. 이뿐만 아니라 자신들이 타락한 것으로 끝나지 않고 다른 형제들을 실족시키고 교회를 허물어뜨려 하나님을 대적하는 하나님의 원수가 되었기 때문이다. 주께서 그들에게 베푸시는 인내와 긍휼을 마지막까지 거부하고 돌아서지 않는 자들이 있다면, 두아디라 교회에 보내신 편지에 표현된 예수님의 모습처럼, 그들이 행하는 모든 일들을 불꽃같은 눈으로 보고 계셨던 주님은 주석 같은 발로 그들을 향해 달려 내려오실 것이다. 그날은 "주께서 내 주께 이르시되 내가 네 원수를 네 발 아래에 둘 때까지 내 우편에 앉아 있으라"(마 22:44) 하신 약속의 말씀을 이루시는 날이 될 것이다. 그리고 이 말씀은 계시록 10장에 나오는 한 힘센 천사의 행동을 유심히 보게 한다. 왜냐하면 그 천사는 바다와 땅을 발로 밟고 있기 때문이다. 계시록은 그 천사의 발을 주목하도록 세 번이나 반복하며 시선을 이끌고 있다.[3] 그의 오른발로는 바다를 밟고 있고 왼발로는 땅을 밟고 있다. 이것은 그리스도를 떠나 세상과 함께 바다로 떠내려가 다시 마귀에게 속한 자들을 왼발보다 강한 오른발로 밟고 있는 것이다. 왕의 귀환을 통해 펼쳐질 심판의 핵을 터뜨리는 장면이다. 이 말이 퍼지자 성안이 발칵 뒤집힌다. 성을 타락시킨 원수들은[4] 하나님의 아들을 죽인 것과 같이 세상 권력자 짐승을 통해 심판을 예언하던 두 증인을 죽인다. 그들의 피는 그들의 시체와 함께 그 성안 땅 위에 뿌려진다.[5] 왕권을 가지고 심판하러 내려오시는 예수께서 이긴 자들과 함께 심판을 집행하시는 이유는 이처럼 자신을 미혹하고 박해하며 피를 흘리게 한 자들의 피를 흘리는 보복을 위한 것이다.

"그들이 성도들과 선지자들의 피를 흘렸으므로 그들에게 피를 마시게 하신 것이 합당하니이다 하더라"(계 16:6)

---

3) 계 10:2,5,8
4) 계 11:5,12
5) 계 11:7-8

이것은 하나님과 다시 원수가 되어 하나님 나라를 허문 자들에 대한 공의로운 심판이며, 그들에 의해 무참히 밟혔던 성도들의 복수전이기도 한 것이다. 이 사건은 재림 심판의 한 일면이 될 것이다.

> "원수 갚는 것이 내게 있으니 내가 갚으리라 하시고 또 다시 주께서 그의 백성을 심판하리라"(히 10:30)

예수께서는 사람의 원수가 자기 집안 식구라고 말씀하셨다. 가인이 악한 자에 속하여 동생 아벨을 죽이면서 시작된 형제간의 다툼은 갈보리 언덕에서 정점을 찍고 지금도 진행 중이다. 마귀에게 다시 속한 그들의 끝을 보여주신 것이다.

주님은 나와 함께 있지 않는 자는 나를 반대하는 자라고 말씀하셨다.[6] 마지막 때가 가까이 올수록, 점점 두 진영으로 나누어지게 된다. 장차 이마에 어린양의 이름이 기록될 어린양께 속한 자들과 이마에 짐승의 이름이 있는, 짐승에 속한 자들로 이분화되는 현상이 갈수록 극명

---

6) 마 12:30

해질 것을 예고하고 있다.[7] 그 결과, 주께서 재림하셔서 치르게 되는 전쟁은 그리스도의 군대와 적그리스도 짐승이 모은, 온 땅의 군대와 싸우는 전쟁이 된다.[8] 이처럼 재림 심판은 전쟁을 통해 집행된다. 다시 오시는 주님은 싸우시려고 오신다. 공의로운 심판을 전쟁을 통해 실현하신다. 이때 그리스도를 떠나 다시 원수 된 자들은 짐승의 진영에 속하여 전쟁을 치를 것이다. 그렇게 되면, 그 전쟁은 그들에게 보복하는 형태가 된다. 전쟁의 양상이 다시 마귀에 속하여 교회를 망하게 하고, 더럽히고, 피 흘리게 한 자들에 대한, 그리스도의 보복 전쟁의 모습을 띠게 된다. 시편 2편은 그 전쟁이 일어나기 전에 하나님의 아들과 다시 화목할 것을 명하고 있다.

> "네가 철장으로 그들을 깨뜨림이여 질그릇 같이 부수리라 … 여호와를 경외함으로 섬기고 떨며 즐거워할지어다 그의 아들에게 입맞추라 그렇지 아니하면 진노하심으로 너희가 길에서 망하리니 그의 진노가 급하심이라 여호와께 피하는 모든 사람은 다 복이 있도다"(시 2:9–12)

---

7) 계 13:15–14:1
8) 계 16:12–16; 19:19–21

나는 누구 편에 서 있는가? 어느 진영에 속해 있는가? 가인처럼 하나님께 속해 있던 자가 다시 악한 자에게 속하는 일은 없어야 할 것이다. 예수께서는 자신을 죽인 가인의 후손을 위해 화목제물이 되어 화해를 청하셨다. 그리스도를 떠난 자들이 그분의 손을 다시 잡고 화친한다면 주님은 더없이 기뻐하실 것이며 그날 영광스러운 이긴 자의 모습으로 주님과 함께 나타나게 될 것이다.

## 제12장

# 우리들의 이야기

"네가 보는 것을 두루마리에 써서 에베소, 서머나, 버가모, 두아디라, 사데, 빌라델비아, 라오디게아 등 일곱 교회에 보내라"(계 1:11)

"나 예수는 교회들을 위하여 내 사자를 보내어 이것들을 너희에게 증언하게 하였노라"(계 22:16)

계시록을 읽다 보면 특이한 점들을 발견하게 된다. 그 중에서도 특별한 것은 2장과 3장에 기록된 일곱 교회에서 일어나고 있는 일들과 6장부터 22장까지 기록된 장차 일어날 일들 사이에 깊은 연결 고리가 보인다는 점이다. 예수께서 사도 요한을 통해 서신을 보내셨던 소아시아 일곱 교회가 있었던 때와 장차 일어날 일들 사이에는 시간적 간격이 있지만, 이야기가 연속성을 띠며 이어지고 있는 것을 보게 된다. 왜 그렇게 보일까? 네 가지로 요약해 보면, 첫째는, 일곱 교회에 약속하신 일곱 가지의 약속이 장차 일어날 일들에서 성취되는 것을 보게 된다. 둘째는, 서신을 접한 성도들이 어떤 선택 하느냐에 따라 그 결과를 장차 일어날 일들 가운데서 볼 수 있다. 셋째는, 일곱 교회가 겪고 있는 상황에 대한 영적 원인과 배경을, 장차 일어날 일들 속에서 점진적이면서, 반복적으로 보여 주고 있다. 넷째는, 시대는 다르지만 시대적 상황이 비슷해 일어나는 일들이 자연스럽게 연결되고 있다.

이런 관점을 가지고 읽게 되면, 장차 일어날 일들 속에 일곱 교회 이야기가 다시 나오는 것을 보게 된다. 마치 일곱 교회의 뒷이야기를 이어 가는 것처럼 보인다. 역으로 보면, 장차 일어날 일들이 일곱 서신 안에 함축되어 있어서, 일곱 서신은 장차 일어날 일들을 예고하는 형식을 취하고 있다. 일곱 서신 안에 장차 일어날 일들이 담겨져 있고, 장차 일어날 일들 속에 일곱 서신이 다시 펼쳐지고 있다. 그렇다면, 주님은 왜 이런 구조로 기록하게 하셨을까? 그 이유를 살펴보면, 첫째는, 교회들로 하여금, 약속해 주신 것들이 성취되는 영광스러운 장면들을 바라보며 소망을 갖도록 하신 것이다. 둘째는, 일곱 서신을 통해 자신을 들여다볼 뿐만 아니라, 자신의 결정과 행동에 따라, 장차 어떤 일이 일어나게 되는지 가늠해 볼 수 있게 하셨다. 셋째는, 영적 전쟁을 치르고 있는 교회들로 하여금, 배후에서 역사하는 영적 세력들의 정체와 활동을 알도록 하셨다. 마지막으로, 계시록이 시종일관 교회를 비추며, 교회에 해당하는 말씀을 하고 있다는 것을 알도록 하기 위함이다. 장차 일어날 일들이 교회와 무관하다고 생각되면, 교회가 알아야 하고, 적용해야 할 중요한 메시지를 놓치기 때문이다. 그래서 깨닫게 된 것은, 계시록을 읽다가 일곱 서신을 놓치면 계시의 빛이 사라지고 다른 길로 빠질 수 있다는 것이다. 이번 장에서는 장차 일어날 일들 가운데, 일곱 교회의 뒷이야기를 이어 가고 있는 대목을 적어 보았다. 눈여겨볼 만한 것들 중에서 뽑아, 네 가지 주제로 묶어 간략하게 정리해 보았다.

## 1. 일곱 가지 약속(승리한 교회의 영광)

예수께서 서신을 통해 일곱 교회에 주신 일곱 가지 약속과 그 약속들이 장차 일어날 일들 가운데 성취되는 영광을 보여 주시며 소망을 갖게 하셨다. 주님이 주신 일곱 가지 약속의 순서는 성취되는 시간적 순서에 따라 주셨다.

### (1) 영원한 생명

에베소 교회에 보낸 서신을 통해, 이기는 자에게 생명나무의 열매를 주어 먹게 하겠다고 약속하셨다(계 2:7). 22장을 보면, 새 예루살렘 성 안을 들여다볼 수 있는 유일한 장면이 나오는데, 하나님과 어린양의 보좌가 있고 그 보좌로부터 생명수 강이 흐르며 그 강 좌우로 열두 가지 열매를 맺는 생명나무가 있다.[1] 이 약속은 에덴동산에서 인간이 범죄함으로 빼앗겼던 그 생명의 열매를, 그리스도 안에서 죽는 자들에게 주셔서 주님과 함께 영원한 생명을 누리게 하시겠다는 약속이다.

1) 계 22:1-2

### (2) 첫째 부활

서머나 교회에 보낸 서신을 통해, 이기는 자는 둘째 사망의 해를 받지 아니하리라는 약속을 주셨다(계 2:11). 둘째 사망은 유황불 못에 들어가는 것을 말하는데, 이 해를 받지 않는 자들이 20장에 나온다. 이들은 첫째 부활에 참여하는 자들이며 거룩하고 복이 있다. 그리고 그리스도의 나라에서 그리스도의 제사장이 될 자들이다.[2)]

### (3) 혼인 잔치

버가모 교회에 보낸 서신을 통해, 이기는 자에게 감추었던 만나를 주시고, 또 새 이름이 기록된 흰 돌을 주시겠다고 약속하셨다(계 2:17). 감추었던 만나는 계시록의 말씀이다. 이 말씀을 지키는 자는 복이 있다고 두 번 강조 하셨는데, 그 이유는 이 말씀을 지키는 자는 어린양의 신부로서 아름답게 단장되기 때문이다. 주님은 이들에게 천상에서 불려질 새 이름을 지어 주시고 그 이름을 쓴 흰 돌을 주셔서 어린양의 혼인 잔치에 초청해 주시겠다는 약속

---

2) 계 20:6

이다. 흰 돌은 그 당시 연회 초대장으로도 사용되었다. 이 약속은 19장에서 성취되는 것을 보게 된다. 자신을 준비한 어린양의 신부들이 어린양의 혼인 잔치에 청함을 받은 복된 자가 된 것을 크게 기뻐하며 하나님께 영광을 돌리고 있다.[3)]

### (4) 심판 참여

두아디라 교회에 보낸 서신을 통해, 이기는 자에게 만국을 다스리시는 권세를 주어 철장으로 질그릇같이 깨뜨릴 것을 약속하셨다(계 2:26-28). 이 말씀은 장차 예수께서 재림하실 때 주님과 함께 세상을 심판하는 일에 동참하게 된다는 영광스러운 약속이다. 이 약속이 이루어지는 장면은 19장에 나온다.[4)] 이런 영광은 승리한 성도들에게 있다.[5)] 이어서 이기는 자에게 새벽별을 주시겠다고 하셨는데 이것은 재림 심판 이후 광명한 새벽별이 되시는 예수께서 통치하시는 그리스도의 나라에 함께 들어가게 되리라는 약속이다. 거기서 그리스도의 제사장이 되어 그리스도와

---

3) 계 19:7-9
4) 계 19:14-15
5) 시 149:6-9; 말 3:16-4:3

함께 다스리는 자가 될 것이다.[6]

### (5) 천국 입성

사데 교회에 보낸 서신을 통해, 이기는 자는 흰옷을 입을 것이며, 그 이름을 생명책에서 결코 지우지 않겠다는 약속을 해 주셨다. 또한 하나님 앞과 주의 천사들 앞에서 그 이름을 시인해 주시겠다고 말씀하셨다(계 3:5). 21장을 보면, 생명책에 이름이 기록된 자들만 들어갈 수 있는 새 예루살렘 성이 나온다. 열두 색 영롱한 빛깔로, 눈부시게 찬란한 성이다. 맑은 유리 같은 정금과 각양 하늘의 보석들로 꾸며져 있고 아름다운 빛으로 가득한 하나님의 영광의 성이다. 그 성안으로 어린양의 생명책에 기록된 자들이 들어가는 모습이 보인다. 각자 자기 영광과 존귀를 가지고 들어가고 있다.[7] 거기서 모든 눈물을 닦아 주시며, 영원한 안식으로 위로해 주실 것이다.

---

6) 계 20:6
7) 계 21:23-27

### (6) 천국 지배

빌라델비아 교회에 보낸 서신을 통해, 이기는 자는 하나님의 성전에 기둥이 되게 하시겠다고 약속하셨다(계 3:12). 이 약속은 새 예루살렘 성에 들어갈 뿐만 아니라, 그곳에서 기둥 같은 존재가 되게 하시겠다는 약속이다. 이 약속대로 이루어진 장면을 22장에서 보게 된다. 이들은 하나님의 영광스러운 빛 안에서 세세토록 지배하며 산다.[8)]

### (7) 천국 보좌

라오디게아 교회에 보낸 서신을 통해, 이기는 자는 주님의 보좌에 함께 앉게 해 주시겠다고 약속하셨다(계 3:21). 이 약속은 어린양의 신부 중의 신부로서, 가장 영예로운 자리에 앉게 해 주신다는 말씀이다. 사랑하는 주님 옆에서 주의 얼굴을 바라보며 영원히 함께할 것이다.[9)]

---

8) 계 22:5

9) 계 22:4; 아 6:8-9

## 2. 갈림길(지혜로운 자와 어리석은 자)

예수께서 성도들에게 하신 권면과 경고의 말씀을 어떻게 받아들였느냐에 따라 그 결과를 장차 일어날 일들 가운데서 볼 수 있게 하셨다.

사데 교회의 경우, 살았다 하는 이름은 가졌으나 실상은 죽은 믿음을 가진 교회이다. '온전한 행실을 찾아볼 수 없다'라고 말씀하실 정도로, 불의한 행위로 말미암아 더럽혀진 옷을 입고 있는 자들이 있었다. 예수께서는 그들에게 회개할 것을 말씀하셨다. 주님의 말씀을 사랑의 음성으로 달게 듣고 어린양의 피로 죄를 씻어낸 자들은 하나님의 보좌와 어린양 앞에서 흰옷을 입고 승리를 상징하는 종려 가지를 들고 찬양하는 자들 가운데 서 있게 될 것이다.[10] 그러나 살았다 하는 이름은 가졌으나 죽은 자의 모습으로 끝까지 지낸다면, 그들은 장차 크고 흰 보좌 앞에서도 영적으로 죽은 자의 모습 그대로 서 있게 될 것이다. 이 장면은 20장 11절과 12절에서 보게 된다.

---

10) 계 7:9-14

버가모 교회의 경우, 발람의 교훈과 니골라당의 교훈을 지키는 자들이 있었다. 이 일로 인해, 우상을 숭배하고 행음하는 자들이 생겨났고 주님은 그들에게 회개할 것을 명하셨다. 그들 중 회개한 자들은 그들의 삶이 변화되어 하나님을 경외하고 자신이 아닌 하나님의 영광을 위해 사는 자가 될 것이다.[11] 그리고 그런 만큼 장차 자신에게 주어질 하늘의 영광을 안고 거룩한 성에 들어가게 될 것이다. 반면에 회개하기를 거부한 자들은 예수께서 "내 입의 검으로 그들과 싸우리라"(계 2:16)라고 경고하신 대로 그날 주님의 검과 부딪치게 될 것이다. 자신의 선택에 따른 결과를 장차 일어날 일들 가운데서 미리 본 자는 자신에게 주시는 메시지로 받고 돌이킬 것이다.

에베소 교회의 경우, 처음 사랑과 처음 행위를 회복하지 않으면 교회가 그 자리에서 옮겨질 것이라는 경고를 받았다. 주께서 하신 말씀을 귀담아 듣고 회복한 자들은 요동함이 없이 그 자리에 남아 있겠지만, 첫사랑을 버린 채로 살아가는 자들은, 본서 2장에서 살펴보았듯이 그 자리에서 바다로 흘러 떠내려가게 될 것이다. 그래도 돌

11) 계 11:13

아서지 않으면 무너질 마귀의 성안으로 들어가게 될 것이다. 2장 5절에 "그 자리에서 옮기리라"가 무슨 뜻인지, 어디로 옮긴다는 것인지, 또한 여기에는 어떤 영적 세력들이 활동하는지를 장차 일어날 일들 가운데서 자세히 볼 수 있게 하셨다. 이처럼 일곱 교회의 일들과 장차 일어날 일들은 서로 연결되어 있음을 알 수 있다.

라오디게아 교회의 경우, "나는 부자라 부요하여 부족한 것이 없다"라고 말할 정도로 쌓은 부를 통해 원하는 모든 것들을 구매한 자신을 자랑하고 있다. 돈과 상품이 우상이 되어 버린 것이다. 라오디게아 교회를 여전히 사랑하시는 주님은 그들의 마음을 두드리신다. 만약 진리의 말씀을 진실한 아멘으로 받고, 신실하게 순종하며 주님을 따른다면, 창조의 근본이신 주께서 그 교회를 21장에 나오는 새 예루살렘 성처럼 새롭게 빚어 주실 것이다. 그것은 아름다운 어린양의 신부의 모습이다. 순수한 정금같은 마음에, 멀었던 눈을 열어 보석보다 귀한 신앙으로 부요하게 하시고, 빛나는 옷으로 수치를 가려 주시며 동행해 주실 것이다. 이 땅에서 주님과 함께 걷는 삶이 하늘에서도 그대로 이어져 사랑하는 주님의 얼굴과 얼굴을 마주 대하는 자리에 앉게 하실 것이다.

### 3. 순교(피 흘린 증인들의 발자취)

마지막 때가 가까울수록 승리의 빛이 보인다. 주께서 그만큼 가까이 오시고 있기 때문이다. 그러나 마귀는 자신의 때가 얼마 남지 않음을 알고 크게 분노하여 교회들을 핍박한다. 계시록은 순교자들과 그 뒷이야기를 보여주고 있다.

버가모 교회의 충성된 증인 안디바는 사탄의 역사로 인해 죽임을 당하고 순교의 피를 흘리게 된다. 그가 죽었지만 그의 이야기는 서신에서 끝나지 않고 장차 일어날 일들 가운데 이어져 간다. 6장 9절부터 보면, 순교한 자들의 영혼이 자신의 피가 뿌려진 하늘 제단 아래에서, 자신의 피를 흘리게 한 자들을 심판하여 달라고 하나님께 간청하고  있다. 육신을 떠난 안디바의 영혼도 그 순교자들과 함께 하나님께 신원을 호소하며 기도하고 있을 것이다. 예정된 순교자들의 피가 다 뿌려지기까지, 박해하는 자들의 심판을 위한 그들의 기도의 향은 성도들의 기도와 합하여 계속 하나님께로 올라가게 된다.[12] 마침내, 피 흘

---

12) 계 8:3-5

리게 한 자들에 대한 하나님의 참되고 의로우신 심판이 내려진 날, 이를 기뻐하며 하늘에서 찬양하는 자들이 있다. 19장 1절에서 5절까지 나온다. 이들 가운데 안디바도 있을 것이다. 주님은 생명을 주께 바친 안디바와 순교자들에게 또 하나의 삶을 주신다. "예수를 증언함과 하나님의 말씀 때문에 목 베임을 당한 자들"이 살아나서 그리스도와 더불어 천 년 동안 왕 노릇 하게 하신다.[13] 이 구절은 주님의 고백을 떠오르게 한다.

> "내가 내 목숨을 버리는 것은 그것을 내가 다시 얻기 위함이니 이로 말미암아 아버지께서 나를 사랑하시느니라"(요 10:17)

충성된 증인 예수그리스도와 안디바의 순교적 신앙을 이어받은 두 증인도, 타락한 성안에서 하나님의 말씀을 전하다가 죽임을 당한다. 그 성안에는 이들뿐만 아니라, 예수 증인들의 피와 선지자들과 성도들의 피가 흥건히 흐르고 있다.[14] 죽기까지 자기들의 생명을 아끼지 아니

13) 계 20:4
14) 계 17:6; 18:24

한 증인들의 피다.

## 4. 남은 자(사투 끝에 승리한 자들)

마귀와의 영적 전투에서 이기고 있는 자들이 있다. 이들은 남은 자들이다. 일곱 교회 중에도 남은 자들에 대한 이야기가 있다. 그런데 이들의 이야기가 서신에서 끝나지 않고 장차 일어날 일들 가운데 이들과 흡사한 자들이 나와 이들의 뒷이야기를 이어가고 있다.

두아디라 교회에는 사탄의 교훈과 우상숭배를 거부하고 하나님의 말씀을 붙잡아 이기고 있는 남은 자들이 있었다. 예수께서는 이들에게 두아디라 교회에 남아있는 자라는 뜻에서 "두아디라에 남아 있어"라고 말씀하셨고 "내가 올 때까지 굳게 붙잡고, 끝까지 지키는 자가 되라"고 당부하셨다. 이들은 과연 어떻게 되었을까? 장차 일어날 일들 가운데 이들과 비슷한 자들이 등장하여 그 뒷이야기를 이어간다. 이 이야기는 12장 17절부터 시작된다. 두아디라 교회 남은 자들처럼 마귀와의 싸움에서 하나님의 계명을 지켜 내며 남은 자들이 있다. 사탄은 아직 이들을 포기하지 않았다. 세상 권력자 짐승을 이들에게 보내 박해를 가하며 짐승을 경배하게 하고 거부하는 자는 사로잡거나 죽이기도 한다. 이것을 이겨 낸 자들이 있다면 이번에는 거짓 선지자를 붙여 미혹과 박해로 짐승과 그의 우상에 경배하게 하고 짐승의 표를 받게 한다. 거부하면 죽인다. 그런데 두 번의 치열한 영적 전투에서, 짐승과 그의 우상과 짐승의 표를 이겨 낸 남은 자들이 있다. 그것을 어떻게 알 수 있는가? 이들이 15장에 다시 등장하기 때문이다. 15장 2절에 남은 자들을 가리켜 "짐승과 그의 우상과 그의 이름의 수를 이기고 벗어난 자들"이라고 말씀하고 있다. 그러니까 이들은 12장과 13장에 걸쳐 목숨을 건 전쟁들을 치르면서 믿음을 지키며 살아남은 자들이다. 글로는 쉽게 쓰고 있지만, 실제로 이들이 당한 고난은 말로 다 할 수 없을 것이다. 모진 핍박으로 인한 극심한 고통과 죽음의 공포에 휩싸였을 것이다. 그럼에도 불구하고 끝까지 인내하며 남은 자가 된 것이다. 이들은 하늘 유리바다 가에서 거문고를 가지고 어린양의 노래를 부르며 하나님을 찬양하고 있다. 이들이 부르는 노래 가사 속에 승리한 비결이 녹여져 이들의 신앙 고백처럼 들려온다.

> "만국의 왕이시여 주의 길이 의롭고 참되시도다 주여 누가 주의 이름을 두려워하지 아니하며 영화롭게 하지 아니하오리이까 오직 주만 거룩하시니이다 … 주께 경배하리이다"(계 15:3–4)

잔인한 짐승과 그의 우상을 이겨 내야 했고, 짐승의 표를 받지 아니하면 당장 먹을 것도 살 수 없었지만, 이 모든 것을 이겨 낸 이유는 의롭고 참되신 심판을 행하시는 하나님을 두려워했기 때문이라고 말하고 있다. 이와 병행 구절인 14장 7절 말씀을 보면 가사의 뜻이 더 뚜렷해진다.

> "그가 큰 음성으로 이르되 하나님을 두려워하며 그에게 영광을 돌리라 이는 그의 심판의 시간이 이르렀음이니 하늘과 땅과 바다와 물들의 근원을 만드신 이를 경배하라 하더라"(계 14:7)

생사를 넘나드는 치열한 영적 싸움 속에서 온갖 유혹과 박해가 있었지만 하나님을 배반하지 않고 하나님께만 경배하며 하나님만을 영화롭게 할 수 있었던 것은 하나님의 심판을 두려워했기 때문이라고 고백하고 있다. 이들

모두는 하나님만을 신실하게 따랐던 하나님의 종들이다. 예수그리스도께서 다시 오실 때 새 이름을 공개하시는데, 그 이름은 충성과 진실이다.[15] 주님의 새 이름처럼, 이들은 주를 향한 충성과 진실한 마음을 바친 자들이다. 이들의 뒷이야기를 더 추적해 보면, 그리스도의 나라에서 다시 등장한다. 이들을 가리켜 "짐승과 그의 우상에게 경배하지 아니하고 그들의 이마와 손에 그의 표를 받지 아니한 자들"이라고 말씀하고 있다. 이들은 살아나서 그리스도의 나라에서 그리스도와 더불어 천 년 동안 왕 노릇 하며 살게 된다. 마지막까지 승리한 자들의 자랑스럽고도 영광스러운 모습이다.[16]

지금까지 살펴본 것을 통해 일곱 교회에서 일어나는 일들과 장차 일어날 일들이 서로 무관하지 않고 연속성을 띠며 이어지고 있다는 것을 알게 된다. 일곱 교회의 이야기가 서신에서 끝나지 않고 그 뒤에도 이어져 계시록이 마치 일곱 교회와 일곱 교회의 뒷이야기로 구성된 것처럼 비치고 있다. '일곱 서신 안에 계시록이 담겨 있고 계시록

15) 계 19:11
16) 계 20:4

에 일곱 서신이 다시 펼쳐져 있다'는 표현도 가능해진다. 이처럼 예수그리스도의 계시는 당신의 몸 된 교회를 일관성 있게 조명해 주시며 천성길로 인도하신다. 환난은 온 세상에 임하는 것이지만, 그 가운데 있는 사랑하는 교회를 비춰 주시면서 마지막으로 하시고 싶은 당부의 소리를 들려주셨다.

예수그리스도의 계시는 교회가 중심에 서 있다.

계시록은 교회를 위하여 교회에 주신 것이라고 말씀하셨다.[17] 교회에 해당하는 말씀이라는 뜻이다. 우리는 너무 멀리, 너무 넓게 갔었다. 다른 곳을 보며 손가락으로 가리키고 있었다. 거기에는 교회도 없었고, 나 자신도 없었다. 예수그리스도의 계시는 우리들의 이야기이며 나의 이야기이다. 지금 내 안에서 일어나고 있는 이야기이다.

"주 예수의 은혜가 모든 성도들에게 있기를 원합니다. 아멘."

---

17) 계 22:16

요한계시록
숨겨진 STORY 12

**초판 발행일** 2024년 11월 5일

**지은이** 봉명환
**펴낸이** 임만호
**펴낸곳** 도서출판 크리스챤서적
**등 록** 제10-22호(1979. 9. 13)
**주 소** 서울 강남구 선릉로112길 36 창조빌딩 3F(우: 06097)
**전 화** 02)544-3468~9
**F A X** 02)511-3920
**e-mail** holybooks@naver.com

**책임편집** 김종욱
**디자인** 이선애
**제 작** 임성암
**관 리** 양영주

Printed in Korea
**ISBN** 978-89-478-0392-2 03230
**정 가** 10,000원


※잘못된 책은 바꾸어 드립니다.